KB260863

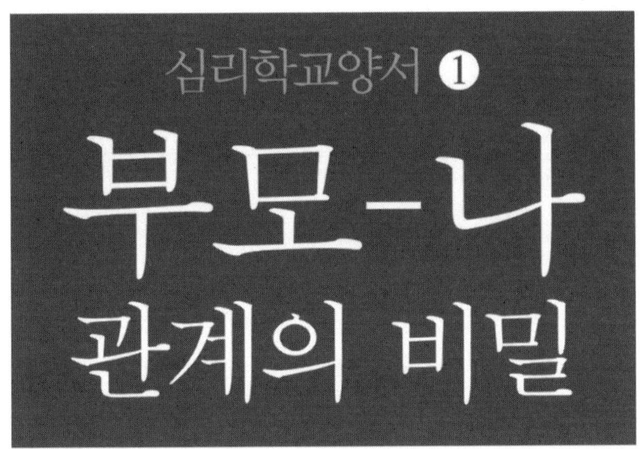

김태형 · 전양숙 공저

세창미디어

부부문제나 아이문제로 힘든 세월을 살아온 사람들은, 자기분석을 통해 자기 인생의 비밀을 알게 되면 이렇게 말한다.

"진작에 이런 것을 알았더라면 얼마나 좋았을까요. 그러면 그렇게도 긴 시간을 허비하지 않아도 좋았을 텐데."

이런 말을 듣게 될 때 우리들 또한 같은 아픔을 느끼곤 했다. 우리는 청년기를 심리학도로서 출발했다. 그러나 정작 상아탑에서는 정말로 배워야 할 것들을 배우지 못했다. 이후 우리들이 각자의 쓰라린 인생경험을 통해 그리고 나름대로의 연구과정을 거쳐 인생문제를 어느 정도 이해할 수 있게 되기까지는 너무나도 긴 시간이 소요되었다. 대학에 입학했던 그때 이 책에 언급된 내용들을 교양과목으로 배울 수 있었더라면 하는 아쉬움은 내내 우리의 발걸음을 무겁게 해왔다.

여기에서 언급된 내용들은 심리학 분야에서는 상식에 속

하는 것들이다. 이러한 심리학적 상식을 사람들에게 전달하면 그들은 "무슨 책을 사서 보면 되나요?", "좋은 책 좀 추천해 주세요"라고 말한다. 그러나 아쉽게도 추천할 만한 책을 찾을 수가 없었다.

학문의 목적은 사람의 행복에 기여하는 것이다. 그렇기 때문에 새롭게 발견된 진리는 사람의 행복에 기여하기 위해 적절한 방식으로 사회에 환원되어야 한다. 학문이 상아탑 속에만 갇혀 있게 되면 그것은 점차 현실성을 잃게 되고 '학문을 위한 학문'으로 변질되게 마련이다. '심리학적 상식'이 상아탑 속에 갇혀 있는 동안 너무도 많은 사람들이 마음의 병 때문에 고통을 받았다. 이렇게 마음의 병으로 고통받는 사람들을 볼 때마다 우리는 '심리학적 상식'을 사회에 환원해야 한다는 의무감을 느끼곤 했다.

부족하나마 이 책을 서둘러 출판하게 된 것은 이런 의무

감 때문이다. 부디 이 책이, 사람들의 마음 속에 있는 아픈 상
처를 치료하는 데 도움이 되길 바란다. 나아가 한국사회를 조
금이라도 더 건강하게 하는 데 기여하길 바란다.

2005년 10월 25일

김태형, 전양숙

Chapter / *1*

사람들의 인생에도 어떤 법칙이 있는 것일까? 아니면 그저 우연적인 사건들로 이어진 것이 인생일까? 만일 인생이 우연적인 사건들로 이어진 혼란의 연속이라면 사람은 자기의 인생을 결코 이해하지도 통제하지도 못할 것이다. 반대로 인생에도 어떤 법칙이 있다면 사람은 그것을 인식함으로써 자신의 인생을 통제할 수 있을 것이다.

인생의 법칙

사람들은 누구나 행복한 인생을 꿈꾼다. 그러나 현실은 사람들에게 행복한 인생을 쉽게 허락하지 않는다. 어떤 사람들은 정신없이 바쁘게 지내다가 어느새 죽음을 맞이하기도 하고 또 다른 사람들은 걸음걸음마다 최선을 다함에도 불구하고 불행의 그늘을 벗어나지 못한다. 반면에 정말로 사람답게 살다 간 사람들도 있다. 이렇게 사람들은 모두 다른 인생을 살게 된다. 역사속의 수많은 인물들은 성공한 인생과 실패한 인생, 건강한 인생과 병적인 인생, 행복한 인생과 불우한 인생의 예들을 보여주고 있다.

사람들은 왜 이렇게 다른 인생길을 걸어가게 될까? 사람의 인생이란 사주팔자에 따라 결정된다고 말하는 사람도 있고 초월적 존재인 하나님이나 신이 정해 주는 운명에 따른다고 말하는 사람도 있다. 반면에 인생은 자신의 의지에 따라 쉽게 바꿀 수 있기 때문에 '마음먹기'에 달려 있다고 말하는 사람도 있다. 그러나 이런 여러 가지 견해에도 불구하고 대부분의 사람들은 여전히 자기 인생을 이해하지 못하고 있다. 그래서 자기 인생이 불우하고 기구하다고 느끼는 사람들은 점을 보기도 하고 종교에 귀의하여 위안을 받으려고도 한다. 혹은 세상 탓을 하거나 남의 탓을 하면서 자기의 운명을 저주하기도 한다.

그러나 이러한 노력에도 불구하고 대다수의 사람들은 자기의 인생이 '그렇게 될 수밖에 없었던 이유'를 알지 못한 채 쓸쓸하게 죽는다. 사람의 인생문제가 가지는 중요성에도 불구하고 그에 대해 정확히 이해하면서 살고 있는 사람들은 너무나도 드물기 때문이다. 자기의 인생을 제대로 이해할 수 없었기 때문에 그것을 바꿀 수 있는 기회조차 가져 보지 못한 채 죽어야 한다면 너무도 가슴 아픈 일일 것이다.

생존경쟁에 내몰린 채 바쁜 일상을 살아가는 사람들은 "그따위 배부른 고민을 할 겨를이 있는가. 당장 눈앞에 닥친 문제만 생각해도 머리가 아프고 입에 풀칠하기도 바쁜데"라고 생각하기 쉽다. 대부분의 사람들은 학업문제, 연애문제, 직업문제, 재산문제, 자식문제 등 세상을 살아가면서 부딪치는 수많은 고민들을 해결하기에도 바쁜 것이 사실이다.

그러나 살다 보면 누구나 자신의 인생을 좌우할 중요한 결정을 해야 할 때가 있다. 이럴 때 사람들은 싫건 좋건 자신의 인생문제를 직면해야만 한다.

그 첫 번째 시기는 **청년기**이다. 청년기는 부모로부터 벗어날 수 있는 시기이며 세계관을 확립해 나가는 시기이다. 소년, 소녀들은 부모에게 의존해 살아 왔고 가족, 학교 등의 작은 세계 속에서만 생활해 왔다. 그러나 사람이 청년기에 들어서게 되면 육체적, 정신적으로 성숙해짐으로써 부모로부터 독립할 수 있는 힘을 갖게 되며 보다 넓은 세계에 대한 자기만의 체험을 통해 세계관을 확립하게 된다.

청년기에 선택하는 인생목표와 방향에 의해 사람들의 인생길은 거의 결정된다. 출세를 지상목표로 삼고 살아가는 청년, 정의의 실현을 인생목표로 삼고 살아가는 청년 등으로 인생행로가 달라지는 것이다. 또한 청년기에는 자신의 인생을 활짝 꽃피워 줄 수도 있고 암흑의 나락으로 떨어뜨릴 수도 있는 '배우자 선택'을 하게 된다. 이 선택의 결과에 따라 인생길은 크게 달라진다.

자기의 인생을 직면하게 되는 두 번째 시기는 **중년기**이다. 중년기는 청년기에 선택한 인생의 결과가 평가되는 시기이다. 자기의 직업이나 사회활동의 결과, 결혼의 결과, 자식농사의 결과가 본격적으로 드러나게 된다. 청년기 때의 인생문제가 '앞으로 어떤 삶을 살아갈 것인가'라는 미래지향적 설계와 관련된 것이라면 중년기 때의 인생문제는 '지금까지의 삶이 과연 제대로 된 것이었는가?'라는 중간평가와 관련된 것이다.

자기의 삶을 긍정적으로 평가하게 되면 청년기에 세웠던

꿈을 끝까지 실현하기 위해 중년기 이후의 인생을 더 진지하고 성실하게 이어나갈 것이다. 반면에 자기의 삶을 부정적으로 평가하게 되면 두 가지의 선택이 기다린다. 반성을 통해 새로운 인생역전을 꾀하거나 심한 좌절감 속에 급격히 무너지는 것이다. 후자의 경우 중병에 걸리거나 돌연사할 가능성도 있다. 중년기는 잘못되어 가고 있는 인생을 제자리로 돌려 놓을 수 있는 마지막 기회이다.

인생문제를 직면하게 되는 마지막 시기는 노년기이다. 노년기에는 살아 온 시간들을 회고하며 죽음을 준비하는 시기이다. 만약 한 생을 보람 있는 것으로 평가할 수 있다면 편안하고 행복한 말년을 보내게 될 것이지만, 그것을 가치 있는 것으로 인정할 수 없다면 고통스럽게 남아 있는 시간들을 견뎌내야 할 것이다. 노년기의 인생회고를 통해 자기의 인생이 잘못된 것이었음을 깨닫는다고 해도 이미 그것은 되돌릴 수 없다. 이럴 경우 현실도피의 일환으로 치매에 걸릴 수도 있다. 그나마 잘못된 인생을 건설적으로 마무리하는 유일한 방법은 '반성'뿐이다.

사람들은 이와 같은 중요한 계기점을 통해 인생문제를 직면하게 될 때마다 나름대로 최선을 다함으로써 옳은 결정을 하려고 노력한다. 그러나 문제는 대다수의 사람들이 자기의 인생이 '그렇게 될 수밖에 없었던 이유'를 모른다는 데 있다.

'그렇게 될 수밖에 없었던 이유'란 곧 법칙을 말한다.

그렇다면 사람들의 인생에도 어떤 법칙이 있는 것일까? 아니면 그저 우연적인 사건들로 이어진 것이 인생일까? 만일 인생이 우연적인 사건들로 이어진 혼란의 연속이라면 사람은 자기의 인생을 결코 이해하지도 통제하지도 못할 것이다. 반대로 인생에도 어떤 법칙이 있다면 사람은 그것을 인식함으로써 자신의 인생을 통제할 수 있을 것이다.

인류역사는 새로운 법칙들을 발견하고 이용함으로써 세계에 대한 사람의 통제력을 높여 온 역사라고도 할 수 있다. 원시적인 도구를 이용하면서 살던 인류는 새로운 법칙들의 발견을 통해 태양열을 이용하고 우주여행을 하면서 사는 시대로 발전해 왔다. 어떤 대상에 대한 법칙을 발견하는 것은 그 대상을 이해하고 통제하기 위한 첫 걸음인 것이다. 따라서 인생법칙을 밝혀 내는 것은 사람들로 하여금 자기 인생의 비밀을 이해할 수 있게 하며 자기 인생을 통제해 나갈 수 있게 하는 출발점으로 될 것이다.

인생법칙이란 다음과 같다.

"사람의 인생은 부모, 환경, 유전자에 의해 규정된다."

Chapter / 2

사람의 인생을 규정하는 것은 부모, 환경, 유전자이다. 그러나 부모,
환경, 유전자가 사람의 인생을 규정하는 정도는 각기 다르며 그 방식
또한 다르다.
사람의 인생곡선은 생의 초기인 유년기 시절에 거의 결정되는데 그 유
년기를 규정하는 것이 바로 부모, 환경, 유전자라는 변수이다.
부모, 환경, 유전자 중에서 사람의 인생에 가장 큰 영향을 미치는 것은
부모이다.

부모, 환경, 유전자

1 부　모

　　“부모에 대한 극복 없는 건강한 인생이란 있을 수 없다.”

(1) 선택권이 없는 시기

　　아이는 수정되는 그 순간부터 부모의 영향을 받게 된다.

　　서로 깊이 사랑하는 아버지와 어머니는 아이를 임신하기 위해 몸과 마음을 조심하면서 생활한다. 그리고 마음속으로 아주 예쁘고 건강한 아이가 태어나기를 바라며 계획임신을 할 것이다. 세상에 태어날 때 부모로부터 축복과 환영을 받는 것은 아이의 인생을 위해 꼭 필요한 일이다.

　　그러나 어떤 아이들은 이 세상에 올 때 환영은 커녕 거부 당할지도 모른다는 두려움에 떨기도 한다. 부모가 될 준비가 되어 있지 않은 상태에서 피임을 제대로 못해 얼떨결에 임신을 하게 되고, 아이를 지울까 말까 고민을 하는 어머니의 아이는, 그 인생이 출발부터 고통스럽다.

아이는 어머니의 뱃속에서 1년 가까이 시간을 보낸다. 태내기의 아이에게 있어 어머니는 곧 세계이다. 따라서 아이와 세계와의 관계는 아이와 어머니의 관계로부터 시작되는 것이다. 또한 어머니는 아이의 생사여탈권까지 쥐고 있는 전능한 존재이다. 어머니의 기분이나 세계를 대하는 태도는 그대로 아이에게 전달된다. 태교의 중요성이 강조되는 것도 바로 이러한 이유 때문이다. 어머니가 보고 듣고 느끼는 것을 태아도 같이 보고 듣고 느낀다.

어머니가 아이에게 미치는 영향력은 아버지가 미치는 영향력과 비교할 수 없을 만큼 크다. 아이는 기본적으로 어머니의 뱃속에서 자라나고 어머니와의 관계 속에서 영유아기를 보내기 때문이다.

생의 초반기의 경험일수록 사람에게 절대적인 영향력을 발휘한다.

각인이론은 생의 초반기 경험이 얼마나 중요한지 보여주는 한 예이다. 알에서 막 깨어난 오리새끼들이 처음 본 대상

은 어머니로 각인된다. 이후 오리새끼들은 그 대상이 어미오
리이건 사람이건 계속 따라다닌다.

사람의 경우에도 심리적 상처를 입은 시기가 빠를수록
손상은 더 크다. 그리고 손상이 더 클수록 치료의 가능성은
더욱 희박해진다.

영유아기의 아이에게는 자기 인생을 선택할 권리가 없다.
어머니는 아이를 따뜻하고 세심하게 보살핌으로써 아이를 즐
겁게 하고 성격을 온화하게 만들 수 있다. 반대로 아이를 제
대로 보살피지 않음으로써 아이를 화나게 하고 성격을 거칠
게 만들 수도 있다. 어머니의 양육태도는 아이의 기본적인 품
성을 결정하고 아이는 이러한 품성을 가지고 세상을 살아가
야 할 것이다.

아이는 자라나면서 부모로부터 독립하려 하고 자기 인생
을 선택할 권리를 가지고 싶어한다. 그러나 아이들은 청소년
기가 되어서도 자기 인생을 선택할 권리를 가지지 못한다. 청
소년기의 아이들은 나름대로 부모에게 영향력을 행사하기도
하고 저항하기도 한다. 그러나 아직까지 아이들은 자기의 생
존을 부모에게 의존하고 있기 때문에 선택권은 여전히 부모
에게 있다.

지구상에 존재하는 동물 중에서 사람은 가장 긴 양육기

간을 필요로 한다. 즉 청소년기까지는 부모에게 의존할 수밖에 없는 것이다. 사람이 이렇게 긴 양육기간을 필요로 하는 것은 사람이 사회적 존재이기 때문이다. 동물은 사회적 존재가 아니기 때문에 태어난 뒤 육체적 생존능력이 생기면 곧바로 자립할 수 있다. 노루는 맹수를 피해서 달리고 풀을 뜯어 먹을 수 있는 능력을 가지게 되면 자립하게 되고 호랑이는 독자적으로 사냥을 할 수 있는 능력을 가지게 되면 바로 자립한다. 그러나 사람은 먹을 것을 채취하거나 사냥을 할 수 있는 육체적 생존능력이 갖춰진다고 해서 바로 자립할 수는 없다. 사람에게는 육체적 생존능력보다 사회적 생존능력이 더 중요하기 때문이다. 사회적 생존능력은 육체적 생존능력보다 질적으로 더 높은 생존능력이기 때문에 이를 갖추려면 긴 시간을 필요로 한다.

좋은 부모를 만나느냐 나쁜 부모를 만나느냐의 차이가 아이의 인생을 좌우하는 것은 아이에게 선택권이 없기 때문이다. 좋은 부모를 만나 사랑을 받으면서 자란 아이와 나쁜 부모를 만나 학대를 받으면서 자란 아이의 인생이 달라질 것이라는 점은 의심할 여지가 없는 것이다.

경제적으로 자립할 수 있는 능력, 정신적으로 자립할 수 있는 능력을 갖춘 청년기가 되어야 비로소 아이들은 자기의 인생에 대한 선택권을 부모로부터 되찾을 수 있는 기회를 갖게 된다.

(2) 부모의 영향력

부모가 자녀의 인생에 절대적인 영향을 미친다는 것은 부모가 자녀의 인생문제에 시시콜콜 간섭하고 통제한다는 것을 의미하지는 않는다. 어떤 부모들은 아이들을 자유롭게 키우겠다는 신념을 가지고 있기 때문에 되도록 자녀의 인생문제에 개입하지 않으려고 한다. 그러나 이런 경우라도 부모는 자녀의 인생에 절대적인 영향력을 행사한다. 왜냐하면 부모는 아이의 정서능력과 사람관계 그리고 도덕성을 결정하기 때문이다. 그리고 이러한 과정은 양육과정에서 무의식적이고 자동적으로 이루어진다.

1) 정서능력

좋은 부모 밑에서 자란 아이들과 나쁜 부모 밑에서 자란 아이들이 가지는 가장 큰 차이점은 바로 정서능력이다. 여기서 말하는 정서능력이란 자기 감정을 조절통제할 수 있는 힘을 의미한다. 행복한 어린 시절을 보낸 아이의 정서는 안정되어 있지만 불우한 어린 시절을 보낸 아이의 정서는 망가져 있다. 정서능력이야말로 사람의 인생곡선을 좌우한다. 지적 능력이나 육체적 능력이 아무리 뛰어나도 정서가 안정되지 못하면 반드시 인생은 실패한다. 이런 사람의 인생은 아무리 잘해봐야 중년기를 넘어서면서 하향곡선을 그리게 된다.

명사수의 경우를 예로 들어 보자. 명사수에게 있어서 총을 잘 쏘는 방법을 아는 것(지식)은 중요하다. 그러나 그것만으로는 명사수가 될 수 없다. 더 중요한 것은 방아쇠를 당길 때의 평정심과 집중력이다. 어떻게 총을 쏴야 되는지는 잘 알지만 과녁을 바라볼 때마다 가슴이 두근거려서는 명사수가 될 수 없는 것이다. 시험을 볼 때마다 불안증세가 심해져서 제 실력을 발휘하지 못하는 수험생이나 국내무대에서는 펄펄 날지만 월드컵 같은 큰 무대에 나가서는 주눅이 들어 헛발질만 하는 축구선수를 상상해 보라.

정서능력은 사람의 생존 에너지와 같다. 엔진이 고장난 자동차에 값비싼 차체를 씌우고 최신 전자장비들을 달아 봐야 쓸모가 없고 전원장치가 고장난 컴퓨터에 아무리 성능 좋은 CPU를 부착해도 쓸모가 없다. 마찬가지로 정서가 망가진 사람에게 아무리 뛰어난 지식이나 육체적 힘이 있어 봐야 아무 소용이 없는 것이다.

사람은 정서가 안정되어 있어야 강한 의지력이나 집중력,

추진력을 발휘할 수 있고 스트레스 상황을 이겨낼 수 있다. 정서가 안정되지 못한 사람은 삶에 대한 의욕을 잃어 우울해지기 쉬우며 스트레스 상황을 이겨내지 못해 결국에는 정신뿐만 아니라 육체에도 병이 들게 된다.

부모들이 아이에게 흔히 저지르는 잘못 중의 하나가 바로 아이의 정서능력을 망가뜨리는 것이다. 아이의 아이큐를 높이는 데에만 열중하여 죽어라고 공부만 시키는 부모들은 잠깐 동안은 아이가 우등생이 될지 모르지만 망가진 정서능력 때문에 결국은 열등생으로 될 것임을 알아야 한다.

2) 사람관계

아이에게 있어서 최초의 **사람관계**는 어머니와의 관계이다. 아이는 어머니의 뱃속에서부터 어머니의 가슴에 안겨 젖을 먹는 동안 계속 어머니와 상호작용을 한다. 이후에도 아이는 어린 시절 내내 어머니와 관계를 맺으며 자란다. 이러한 과정을 통해 어머니는 생애 초기의 아이에게 '사람관계란 이런 것이다'라는 강렬한 체험을 하게 한다.

부모는 자신의 성격과 인격수준에 기초해 자식을 대한다. 아이 또한 타고난 기질과 성격에 따라 부모에게 반응한다. 무수히 반복되는 부모와 자식 간의 관계는 점점 관습화된 관계로 발전한다.

　일제시대에 살았던 한 선각자는 지주제도가 잘못되었음을 깨닫고 머슴들을 불러모은 뒤 이렇게 말했다. "이제 당신들은 자유이다. 문서는 모두 불태웠고 땅도 나누어 주었으니 자유롭게 살기 바란다." 그런데 머슴들의 반응은 예상과 달랐다. 대부분의 머슴들은 "주인님을 떠나서는 살 수 없습니다"라고 하면서 계속 머슴으로 살게 해달라고 졸랐던 것이다.

　계약문서를 없애고 법률을 없앤다고 해도 관습화된 사람관계는 쉽게 달라지지 않는다. 결혼 초기에 남편이 폭력을 행사했을 때 제대로 대처를 못하거나 참고 묵인해 주면 남편의 폭력은 점점 심해진다. 결국 아내는 남편의 폭력을 당연한 것으로 여기게 되며 '내가 맞을 짓을 해서 맞는 것이다'라고 생각하게 된다. 이런 식으로 남편과 아내의 가학-피학적 관계가 관습화되면 이를 되돌리기는 매우 어렵다.

　생의 초기부터 시작되어 무수한 반복을 통해 관습화된 부모-자식 관계는 이후 자식들이 맺게 되는 배우자 관계, 자식과의 관계, 사회적 관계에 영향을 미친다. 부모와 자식 간의 관계가 건강하다면 이후 자식들이 맺게 되는 사람관계도 건강할 것이다. 그러나 부모와 자식 간의 관계가 병적이라면 이후 자식들이 맺게 되는 사람관계 또한 병적일 것이다.

　부모-자식 간의 관계는 자녀의 배우자 관계에 결정적인 영향을 미친다.

　우선 자식들은 부모의 결혼관계를 재현하는 경향이 있다. 알코올중독 배우자와 결혼한 부모 밑에서 자란 아이들은 후에 알코올중독 배우자와 결혼하는 경우가 많다. 폭력을 행사하는 아버지나 건달처럼 마누라를 등쳐먹고 사는 아버지를 둔 딸들이 나중에 그 어머니의 결혼인생을 되풀이해 폭력남편이나 건달과 결혼하는 예도 허다하다.

　자식들은 이성 부모와의 관계에 너무나도 익숙해져 있기 때문에 그 관계가 건강한 것이든 병적인 것이든 상관없이 이성 부모와 비슷한 배우자에게 매력을 느낀다.

　다음으로 자식들은 부모로부터의 상처를 씻기 위해 배우자를 선택하기도 한다. 자식들을 무섭게 하고 긴장시켰던 부모 밑에서 자란 아이들은 단지 자기를 '긴장시키지 않는다는 이유'만으로 형편없는 배우자를 선택하기도 한다. 또한 부모에게 화가 많이 나있는 자식들의 경우 수준 이하의 배우자를 선택해 '배우자를 계속 비난'하면서 살기도 한다. 그러나 이러한 모든 시도에도 불구하고 자식들이 선택한 그 배우자는 자신을 긴장시키지 않을 뿐 부모를 꼭 빼닮았다.

　다음으로 자식들은 부모에 충성하기 위해 배우자를 선택한다. 마마보이나 마마걸은 어머니가 좋아할 만한 배우자를 골라서 어머니의 심사와 검열을 받은 후에 결혼한다. 혹은 어머니에게 충성하기 위해 어머니의 인생과 비슷한 인생을 재현해 줄 수 있는 배우자를 고르기도 한다. 예를 들어 아버지에게 매를 맞고 형편없는 대접을 받으며 산 어머니의 아들은 아주 드세고 고약한 아내를 얻어서 어머니처럼 형편없는 대접을 받으며 살아감으로써 어머니와 자신을 동일시한다. 심한 경우에는 사회적 이목 때문에 결혼은 하지만 어머니 주위를 뱅뱅 돌며 살다가 기회를 봐서 별거나 이혼을 하고 어머니 곁으로 돌아가는 충성파 자식들도 있다.

또한 자식들은 부모로부터 받은 상처 때문에 배우자를 선택하기도 한다. 자식을 끊임없이 비난하는 부모의 아들, 딸은 이성관계에 자신감을 가질 수 없기 때문에 '거절당할 우려가 없는 형편없는 배우자'를 고르거나 '악당'에게 유혹당한다. 물론 두 가지를 모두 겸비한 배우자도 있다. 이런 결혼을 한 경우 그 사람은 평생 배우자한테 끌려다니면서 우울하고 무기력한 수동적 인생을 살게 된다.

마음에 드는 이성을 만나 열애에 빠져들 때 대부분의 사람들은 자신이 그 대상에게 매력을 느끼는 이유를 정확히 자각하지 못한다. '예쁘다, 착하다, 돈이 많다, 특별히 흠잡을 데가 없다, 무조건 가슴이 뛴다'는 등의 통속적이고 표면적인 이유의 배후에 도사리고 있는 무의식적 동기는 결코 자기의 정체를 쉽게 드러내지 않는다.

결혼생활이 심각하게 나빠졌을 때에야 사람들은 "왜 그런 배우자를 선택했느냐?"란 질문에 "눈에 콩깍지가 꼈었나 봐요"라고 말한다. 그러나 콩깍지란 없다. 단지 잘못된 배우자를 선택하도록 한 자신의 콤플렉스만이 있을 뿐이다.

배우자 관계의 비밀은 일정한 기간을 두고 볼 때 분명히 드러난다. 그러나 장기간의 결혼생활에도 불구하고 막상 당사자들은 배우자 관계를 규정하는 이러한 심리적 역동을 모르는 경우가 대부분이다.

자신에 대한 부모의 영향력에 대해 반드시 심사숙고해 봐야 하는 것은 그것이 자신의 대에서 끝나지 않기 때문이다. 부모-자식 간의 관계는 장성한 아들, 딸이 자신의 아이들을 낳았을 때 형성되는 '부모-자식 관계'를 규정한다.

보통 자식들은 부모로부터 양육받은 대로 자기 자식을 양육한다. 아이를 세심하게 보살피는 부모에게서 자란 사람은 자신의 자녀도 세심하게 보살핀다. 그러나 아이를 방치한 채 키우는 어머니 밑에서 자란 사람은 자신의 자녀도 방치한 채로 키운다. 아이를 따뜻한 애정으로 대하고 정서적으로 지지해 준 부모에게서 자란 사람은 자신의 자녀도 따뜻한 애정으로 대하고 정서적으로 지지해 줄 것이다. 반대로 아이에게 폭력을 행사하고 비난하는 부모 밑에서 자란 사람은 자신의 자녀에게도 폭력을 행사하고 비난을 퍼부을 것이다.

어떤 경우 자식들은 부모로부터 양육받은 방식과는 반대로 아이들을 키우려 한다. 지극히 권위적인 부모 밑에서 숨도 제대로 못 쉬고 자란 사람은 나중에 자신의 아이들을 지나치게 허용적으로 키우기도 한다. 아이를 과잉보호하며 키워서 의존적으로 만든 부모의 자식이 자기 아이들은 매우 엄격하게 대하면서 독립심을 키워 주려 하는 경우도 있다. 그러나 자신의 부모와 반대되는 방식으로 아이를 키우려고 하는 이러한 노력은 제한적일 수밖에 없다. 몇 가지 원칙에서만 부모와 반대되는 방식으로 아이를 대할 뿐 역시 '양육받은 대로 아이를 양육'하기 때문이다.

또한 자식들은 자신의 부모-자식 관계에 따라 아들, 딸에 대한 태도를 결정한다. 아버지와의 관계가 좋고 어머니와의 관계가 나쁜 파파 걸(아버지에게 고착된 딸)은 양치질을 대충하는 아들은 봐주면서 딸이 그럴 경우에는 화를 내며 야단치는 식으로 아들을 편애한다. 반대로 어머니와의 관계가 좋고 아버지와의 관계가 나쁜 마마 보이는 딸이 짜장면 가락을 빙빙 돌리며 장난을 쳐도 "조심해~"라고 다정하게 말하지만 아들이 짜장면을 조금만 흘려도 머리통을 한 대 쥐어박는다.

마마 보이, 파파 걸은 특정 부모에게 사랑받고 싶은 욕망이 고착되어 있을 뿐 '건강한 사랑'을 주고받지 못한다. 그렇기 때문에 이들에게는 자기 자식을 건강하게 사랑할 수 있는 능력이 없다.

사랑을 받지 못하는 원인이 아이들에게 있는 것이 아니라 병적인 부모에게 있음에도 불구하고 항상 희생자는 아이들이다. 공정하지 못한 부모의 태도로 인해 사랑을 받지 못한 아들, 딸은 '억울함'으로 고통받는다. 그리고 이러한 억울함은 분노가 되어 그 아이를 문제아의 길로 떠밀어내기도 한다. 아버지 혹은 어머니에게 화가 많이 난 아이는 또래의 남자 혹은 여자아이에게 대신 화풀이를 하기도 하고 심한 문제행동을 함으로써 부모의 관심과 사랑을 끌어오려는 헛된 시도를 하기도 한다. 이성 부모에게 화가 난 아이는 성인이 되더라도 연애와 결혼을 하지 못한 채 독신으로 살기도 한다.

모든 사람은 반드시 자신과 부모와의 관계를 객관적으로 파악해야 하고 적극적으로 극복해야 한다. 왜냐하면 문제있는 부모-자식 관계는 대를 이어갈수록 심각해지기 때문이다.

아버지에게 사랑을 받지 못하고 자라서 아버지에게 화가 나있는 사람이 아들을 낳게 되었다. 그는 마음속으로 '내 아버지와는 달리 아들을 사랑하겠다'고 다짐했고 실제로 아이를 끼고 키웠다. 그러나 아들이 청소년기가 되어 2차 성징을 나타내자 그의 태도는 달라졌다. 아들에게 폭력을 행사하기 시작했고 그 강도는 점점 심해졌다.

치열한 노력 없이 '아버지를 향한 분노 에너지'는 저절로 사라지지 않는다. 결국 그는 아버지가 자신을 망친 것보다 더 심하게 자기의 아들을 망쳐놓았다.

선대에서 해결되지 못한 숙제는 후대로 이어질수록 더 어려워진다.

"대를 이어갈수록 병은 깊어지고 고통은 심화된다."

부모-자식 간의 관계는 아들, 딸이 사회적으로 맺게 되는 사람관계에 대해서도 동일한 영향력을 발휘한다. 여기서 사회관계란 사회생활을 하면서 맺게 되는 동료관계, 선후배관계, 상하관계 등을 말한다.

부모-자식 간의 관계는 기본적으로 아이들의 남성, 여성관계를 규정한다. 아버지와의 관계는 좋지만 어머니와의 관계가 나쁜 아이는 성인이 되어 사회생활을 할 때 남자들과는 잘 지내지만 여자들과는 잘 지내지 못하는 경향이 있다. 반대의 경우 또한 존재한다.

일반적으로 아버지는 사회를 상징한다. 따라서 아버지와의 관계, 아버지의 사회생활에 대한 태도는 아이의 사회적 생존능력에 큰 영향을 미친다. 직위고하나 직업의 차이를 불문하고 성실하고 책임감 있게 사회생활을 한 아버지의 아이들은 자신감을 가지고 사회에 잘 적응해 나간다. 반대로 무능력하고 무책임하게 사회생활을 한 아버지의 아이들은 사회에 잘 적응하지 못한 채 주변부를 떠돈다.

아버지가 사회를 상징한다면 어머니는 사람관계를 상징한다. 따라서 건강한 어머니를 보고 자란 아이들은 사람들과 친밀한 관계를 형성할 수 있지만 병적인 어머니 밑에서 자란 아이들은 친밀한 사람관계를 형성하지 못한다. 일반적으로 어머니와의 관계가 좋은 자식들이 조직생활에 잘 적응해 나가는 것은 친밀한 사람관계를 형성하는 능력이 뛰어나기 때문이다.

부모-자식 간의 관계는 자식들이 사회적으로 맺는 사람관계의 특성을 결정한다.

아이들의 말을 귀담아 듣고 존중해 주는 부모한테서 자

란 아이는 사회생활을 할 때에도 직장상사나 선배에게 자신감 있게 할 말을 하면서 지낼 것이다. 그러나 아이들의 말을 무시하고 화풀이나 해대는 부모 밑에서 자란 아이는 직장상사나 선배에게 할 말이 있어도 꾹 참거나 아예 말하기를 포기한다. 그러나 이런 사람은 부모에게 화가 나 있기 때문에 언젠가는 폭발하여 윗사람을 패는 중대사건을 일으킬 수도 있고 스트레스(고약한 직장상사나 선배는 부모가 준 스트레스를 재현하고 증폭시킬 것이다)를 받아 화병에 걸릴 수도 있다.

생떼를 쓰고 강짜를 부리는 방법으로 부모의 양보를 얻어냈던 아이들은 커서도 생떼를 쓰고 강짜를 부릴 것이며 교활한 미소와 계략으로 부모를 속여 넘겼던 아이들은 커서도 간교한 권모술수로 사람들을 속여 넘길 것이다. 또한 부모에게 억울하게 당하면서 자란 아이들은 성인이 되어도 당하면서 살게 될 것이다.

이런 식으로 사람들은 사회생활에서 사람과의 관계를 맺을 때에도 부모와의 관계를 재현한다.

3) 도덕성

잘못된 행동을 하는 청소년들에게 도덕을 얘기하면 진지하게 반성을 하는 대신 "그따위 얘기는 책에나 있는 거지. 뻔

한 얘기 좀 하지 마라"고 코웃음을 치는 경우가 대부분이다. 아마도 이런 아이들은 정상적인 도덕발달 단계를 경험하지 못했을 것이다.

그렇다면 사람에게는 도덕성이 언제쯤 생기는 것일까? 아이들에게 도덕관념이 형성되는 것은 만 5세 이전이다. 아이들에게는 5세 이전부터 서서히 도덕관념이 생기는데 이것을 자기 것으로 소화해 내면 도덕성이 생기지만 머리로만 이해하고 내면화하는 데 실패하면 도덕성을 갖추지 못하게 된다. 이런 점에서 볼 때 한 사람이 성인군자형으로 될 것인가, 범죄형으로 될 것인가는 만 5세 이전에 거의 결정된다고 볼 수 있다.

자기의 아이가 범죄형 인간으로 자라기를 바라는 부모는 없을 것이다. 따라서 부모들은 아이가 잘못된 행동을 하면 혼을 내기도 하고 이런저런 도덕적 훈계를 하기도 한다. 그러나 자기 아이에게 도덕성을 심어줄 방법은 단 한 가지뿐인데, 그것은 바로 부모 자신이 정직하고 바르게 사는 것이다. 어린아이들은 '관찰의 대가'들이어서 부모가 아이에게 하는 이런저런 말보다 부모의 행동을 관찰함으로써 훨씬 더 많은 것들을 수용하고 배운다.

교통질서를 잘 지켜야 한다고 말을 하면서도 횡단보도가 멀리 있다며 아이의 손을 잡아끌고 무단횡단을 하는 어머니,

직업에는 귀천이 없고 모든 사람은 평등하다고 말하지만 가난한 집 아이들과 어울리는 것을 싫어하고 친구를 사귀면 부모의 직업부터 물어보는 아버지. 이런 부모들이 자식에게 도덕성을 선물할 수 없음은 분명하다. 아이에게 귀가 닳도록 도덕적 훈계를 하고 아이의 나쁜 행동을 처벌해도 부모가 정직하고 바르게 살지 않는다면 아무 소용이 없다. 아이들은 겉으로 말하는 도덕적 위선이 아니라 생활에서 반복되어 드러나는 부모의 도덕성을 정직하게 받아들인다.

아이의 도덕성을 결정하는 것은 부모이다. 그리고 아이의 도덕성을 결정하는 유일한 방법은 부모가 정직하고 바르게 사는 것이다. 얼마나 정의롭고 단순한가? 남은 것은 부모들의 실천뿐이다.

부모는 자기 아이들의 정서능력, 사람관계, 도덕성을 일찌감치 결정짓는다. 자식들은 부모가 마련해 준 생존능력을 가지고 자기의 인생길을 헤쳐 나갈 것이다. 밑천이 두둑한 아이는 우여곡절을 겪으면서도 상승곡선을 그리며 인생길을 걸어갈 것이다. 그러나 밑천이 부족한 아이의 인생길은 어느 시점에서부터는 하향곡선을 그릴 것이며 엉터리 밑천을 받은 아이의 인생은 엉망진창이 될 것이다. 이처럼 부모로부터 벗어나 세상에 나갈 때 우리 모두의 인생곡선은 이미 정해져 있다.

"부모는 자녀의 인생곡선을 정해 준 뒤에 세상에 내보
낸다."

(3) 모성신화의 허구성

많은 사람들이 모성신화에 대해 들어왔고 그에 대해서
별다른 의심 없이 믿고 있다. 모성신화의 핵심은 '어머니에게
는 타고난 모성본능이 있다'는 것이다. 이에 기초해 '모든 여
성은 어머니가 되면 아이를 잘 양육할 것이다'라는 믿음 혹은
'모든 어머니는 위대하다'는 어머니 예찬론도 횡행하고 있다.
심지어는 '아무리 훌륭한 인격을 가진 계모도 정신이 건강하
지 못한 친어머니만 못하다'라는 극단적인 말을 하는 사람들
도 있다.

과연 모성신화는 사실일까? 정말로 모든 여성은 어머니
가 되면 아이를 지극정성으로 사랑하게 되고 어려운 양육을
잘 해낼까? 여성들에게 모성본능이 있다는 것은 분명한 사실
이다. 그러나 모성본능은 자식이 육체적 생존능력을 가질 때
까지 보살피도록 프로그램되어 있을 뿐이다. 모성본능은 사람
에게 더 중요한 사회적 생존능력은 책임지지 않는다. 즉 모성
본능에는 어머니가 아이의 사회적 생존능력까지 책임지도록
프로그램되어 있지는 않다.

　　여성들이 가진 인격수준은 모성본능을 압도한다. 원하지 않는 아이를 임신중절 수술로 제거하거나 몸매를 아름답게 유지하려고 제왕절개 수술을 자청하고 아이에게 모유를 먹일 수 있음에도 불구하고 단지 편리하기 때문에 분유를 먹이는 어머니들의 행동은 분명 모성본능에 역행하는 것이다. 갓 태어난 아이를 길거리에 버리거나 키우기 힘들다는 이유로 아이를 떠나버리는 극단적인 경우 또한 마찬가지이다.

　　남성들의 인격이 건강하지 못하고 병들어 있는 것만큼 여성들의 인격 또한 건강하지 못하고 병들어 있다. 여성들이라고 해서 어떤 예외가 존재하는 것은 아니다. 사람은 자기의 인격대로 행동하며 이는 양육에 있어서도 그대로 적용된다. 인격적으로 성숙되지 못한 여성이 어머니가 된다(물론 어머니가 되는 체험은 여성의 인격을 성숙시키는 중요한 계기임에 분명하다)고 해서 자동적으로 훌륭한 인격자가 될 수는 없다. 따라서 여성들이 어머니가 된다고 해서 자동적으로 아이를 잘 양육하게 되는 것은 절대로 아닌 것이다. 아이를 양육할 수 있는 능력은 그 양육자의 인격수준과 정비례한다.

　　대학에 진학하려면 시험공부를 해야 하고 철도 들어야 한다. 사회생활을 해나가려면 여러 가지 필요한 공부를 해야 하고 인격을 수양해야 한다. 세상에 공짜로 되는 것은 없다. 어머니가 되려고 해도 역시 그에 대비해 공부를 하고 인격도 수양해야 한다. 철저하게 준비하고 노력하는 어머니만이 자식을 잘 양육할 수 있다. 얼떨결에 어머니가 된 여성들은 공부를 하지 않고 시험장에 들어선 예고된 낙제생과 같다.

아이들이 친어머니 밑에서 자란다고 해서 모든 것이 해결된다고 착각해서는 안 된다. 훌륭한 인격을 가진 대리모에 의해서 양육된 아이들이 준비하고 노력하지 않는 어머니에 의해 양육된 아이들보다 못할 이유란 전혀 없다. 태어나자마자 어머니를 잃어 이모에 의해 양육된 부처님의 인격과 인생은 이를 잘 말해 주고 있다. 아이를 양육하는 사람이 어머니인가 아니면 아버지, 할아버지, 할머니 혹은 제3자인가 하는 문제보다 더 중요한 것은 아이를 양육하는 사람의 인격수준이 어떤가 하는 것이다.

모성신화가 끈질기게 생명력을 유지하는 주요한 이유는 모성신화가 진실이어서가 아니라 그것이 이용가치를 가지고 있기 때문이다.

남성들은 모성신화를 이용해 골치 아픈 양육문제를 여성들에게 떠넘기려고 한다. 양육은 전문가인 여성에게 맡기고 자신은 사회생활을 하면서 돈을 벌겠다고 주장하는 남성들의 태도가 이를 잘 보여준다. 물론 그러다가 아이에게 문제가 생기면 양육을 책임졌던 여성들에게 모든 책임을 떠넘긴다. 남

성들은 자신이 양육문제에 참여하지 않는 잘못을 용서받기
위해 아내들에게 면죄부를 주는데 그것이 바로 불가침의 모
성신화인 것이다.

전업주부인 아내가 아이의 양육을 전적으로 책임지더라
도 아이의 양육은 아버지와 어머니 두 사람이 하는 것이다.
아버지는 어떠한 경우에도 양육에 대한 책임을 면제받을 수
없다. 어머니의 잘못된 양육태도를 수수방관한 아버지 또한
공범자인 것이다.

남성들은 또한 자신의 잘못을 숨기기 위해 모성신화를
지키려 한다. 자녀들이 어머니의 잘못에 대해 정당한 항의를
할 때 오히려 아이를 나무라고 어머니의 편을 들어 주는 아버
지도 있다. 이런 아버지들은 자식이 어머니의 잘못을 지적하
도록 놔두면 결국 자신도 그 잘못에 대해 책임을 져야 함을
본능적으로 안다. 그렇기 때문에 당당하지 못한 아버지는 무
조건 어머니를 보호하고 모성신화를 사수하려 한다. 이런 식
으로 공범자끼리 서로를 보호하는 '범죄의 축'이 형성되는 것
이다.

한편 여성들은 모성신화를 이용해 자녀양육에서의 잘못
을 방어하려 한다.

"내 아이는 내가 제일 잘 알아요", "그런 말이야 책에나
있는 것이죠. 우리 애를 하루만 맡아 보세요"라는 식으로 말

하는 어머니는 자신을 양육의 권위자처럼 생각한다. 이런 어머니들은 여간해서는 '자신이 자기 아이의 양육에 대해서는 최고'라는 방어선에서 물러서지 않는다. 그러나 자식의 양육 문제에 대한 배타적인 태도와 왜곡된 자신감은 역설적으로 자식을 잘못 양육하고 있음을 감추려는 위장술인 경우가 많다.

소아, 청소년 정신과 진단 중, **주의력 결핍 및 과잉행동 장애**(ADHD: Attention Deficit Hyperactivity Disorder)는 최근 몇 년 사이 급속도로 증가하고 있다. 그래서 학교의 선생님들은 주의력 결핍 및 과잉행동 장애로 의심되는 아이의 부모들에게 문제점을 알려주며 전문가의 진단을 받아보라고 권유한다.

자기의 아이를 정말로 걱정하는 부모라면 선생님의 권유를 심각하게 받아들이고 빨리 조치를 취할 것이다. 부모라면 모름지기 아이가 조금만 아파도 걱정을 하기 마련이다. 잘못 방치했다가 병이 심해지면 안 되기 때문에 사소한 질병이라도 발견한 즉시 최선을 기울여 치료를 해야 하기 때문이다. 선생님이 '별 것 아닐 수도 있다'고 안심을 시켜도 결코 안심할 수 없는 것이 부모의 마음이다.

그러나 이상하게도 **주의력 결핍 및 과잉행동 장애**로 진단받은 아이의 부모들은 대부분 "그럴 리가 없다", "그 정도

가지고 웬 호들갑이냐"라고 하면서 문제의 심각성을 회피하려고 한다. 왜냐하면 자식을 잘못 키웠기 때문임을 그들 스스로가 너무도 잘 알고 있기 때문이다. 이런 부모들은 자식의 얼굴에 난 사소한 손톱자국을 가지고는 호들갑을 떨지만 아이의 마음속에 난 큰 상처는 보려고 하지 않는다. 주의력 결핍 및 과잉행동 장애라는 진단을 받은 아이들의 부모가 보여주는 이러한 몰지각한 행동은 아이의 병인(病因)이 부모에게 있을 것임을 짐작하게 하는 것이다.

또한 여성들은 모성신화를 자신의 열등한 사회적 생존능력을 감추는 데 이용한다.

어떤 여성들은 일을 하기 싫어하거나 사회생활에 참여하는 것을 두려워한다. 이런 여성들에게는 결혼을 해서 남편이 벌어다 주는 돈을 가지고 집안에서 편안히 생활하는 전업주부가 꿈이다. 그러나 사회생활을 할 수 있는 능력이 있음에도 전업주부를 하는 것과 사회생활 능력이 없기 때문에 전업주부밖에 할 수 없는 것은 분명 다른 것이다.

사회생활 능력이 없다는 것은 곧 그 사람이 사회적으로 무능하고 나태하며 인격적으로 미숙하다는 것을 의미한다. 사회생활 능력이 없는 사람은 올바른 자녀양육을 할 수 없다. 아이를 양육하는 것은 동물을 사육하는 것과는 질적으로 다른 것이기 때문이다. 동물은 육체적 생존능력만 충족시켜 주

면 잘 살지만 사람은 사회적 생존능력을 키워 주지 못하면 정
상적으로 살 수가 없다. 자기 스스로가 사회적 생존능력을 갖
지 못했는데 하물며 자식의 사회적 생존능력을 어떻게 책임
진단 말인가. 이런 어머니들은 나약하기 때문에 남편에게 전
적으로 의존해 살아간다. 남편의 사업이 망해 알거지가 되면
현실을 이겨내지 못해 자식을 내팽개친 채 자살해 버리거나
정신이상에 걸리기도 하는 극단적인 사례도 있다.

한편 자식들은 모성신화를 어머니 문제를 회피하는 데
이용한다.

어머니와의 관계가 건강하지 못한 자녀들일수록 어머니
의 잘못을 정직하게 직면하지 않는 경향이 있다. 어머니에게
화가 나 있거나 어머니로부터 깊은 상처를 입은 자식들은 어
머니의 잘못을 이미 무의식적으로는 알고 있다. 그러나 그들
은 어머니의 잘못을 덮어둘 뿐만 아니라 오히려 자신의 어머
니를 과대포장한다. 자신의 분노나 상처를 끄집어내는 것이
너무 아프기 때문에, 다시 말해 어머니 문제를 직면할 용기가
없기 때문이다.

모성신화는 그야말로 신화일 뿐이다. 현실의 어머니는 고
단한 한국의 현대사가 입힌 상처로부터 결코 자유로울 수 없
는 사회적 존재이다. 그렇기 때문에 어머니도 사회 속의 많은

사람들이 지치고 병들 때 같이 지치고 병들어 갈 수밖에 없다. 허구적인 모성신화의 부담에서 벗어나 객관적인 평가를 받게 될 때 어머니들도 비로소 제자리를 찾아가기 시작할 것이다. 이제는 어머니의 어깨 위에서 그 무거운 허상을 벗겨 주어야 한다.

어린 시절 우리의 원초적 욕구들을 충족시켜 준 어머니에 대한 애착은 너무나도 강렬할 수밖에 없다. 그러나 성인이 되면 누구나 다 자신의 어머니를 객관적인 사회적, 인격적 기준에 따라 재평가해야 한다. 그럼으로써 어머니로부터 독립해 성숙된 하나의 인격체로 다시 태어나야 한다.

"위대한 어머니들은 분명 존재한다. 그러나 모든 어머니들이 위대한 것은 아니다."

(4) 부모의 잘못

모든 부모들은 자녀들에게 잘못을 범한다. 부모들은 좋은 의도에도 불구하고 종종 실수를 범하며 자신의 지적, 인격적 한계 때문에 실수를 저지르기도 한다. 그러나 이러한 잘못들은 양육에서 별다른 문제가 되지 않는다. 잘못을 범할 수도 있는 것이 사람이므로 반성하고 고쳐서 잘 하면 되는 것이다.

　　여기에서 문제가 되는 것은 부모의 건강하지 못한 인격, 병든 인격에 의해 지속적으로 반복해서 나타나는 잘못이다. 사람은 자신의 인격수준에 따라 일관성 있게 행동을 하게 마련이다. 그렇기 때문에 병든 인격을 가진 부모는 어쩌다 착한 척, 잘하는 척을 할 수는 있어도 아이들을 계속 속이지는 못하며 그 결과 아이의 마음속에 상처를 입히게 된다.

　　양육문제에 대해 무지한 부모 혹은 인격적으로 미성숙한 철이 없는 부모가 저지르는 잘못들 또한 아이들에게 상처를 준다. 만일 부모가 자신의 실수를 빨리 깨닫고 깊이 반성함으로써 자신의 지적, 인격적 한계를 극복해 나가면 아이의 상처는 아물 것이다. 그러나 반성하지 않는 부모는 아이의 상처를 계속 악화시켜 회복불능의 상태로까지 만들 수 있다.

♥ — 당하며 살기

　　한국의 어머니들 중 많은 경우가 당하며 산다. 이런 어머니들은 알코올중독에 걸린 남편이나 폭력을 일삼는 남편, 폭군 같은 남편에게 학대당하고 심한 경우 매까지 맞으면서도 찍소리를 못하고 산다. 이럴 경우 자식들은 당하며 사는 어머니를 불쌍하게 여기게 되고 아버지에 대해서는 분노하게 된다. 그러나 세상에 일방적인 관계란 없다. 당하며 사는 것은 아버지와 어머니가 서로 반반씩 책임져야 하는 것이지 아버지만의 잘못은 아닌 것이다.

물론 당하며 사는 아버지도 있다. 아내에게 전적으로 의존하면서 사는 이런 아버지들은 평생을 소처럼 일하면서도 가정에서는 경제권과 의사결정권을 행사하지 못한다. 그들은 아내의 신경질과 생떼가 무서워 눈칫밥을 먹으며 살고 아내의 횡포로부터 자식들을 보호하지 못한다.

"당하는 것도 나쁜 것이다."

일제시대에 살았던 부모들이 일본놈들에게 매일같이 당하면서도 눈물이나 흘리고 신세한탄이나 했다면 그 자식들은 무엇을 물려받았겠는가? 식민지 예속과 노예적 굴종만이 대물림되었을 것이다.

당하는 어머니들은 자식들을 생각해서라도 더 이상 당하지 말고 살아야 한다. 옛날에 미국의 노예주들은 도망친 노예를 잡아와 발목을 잘랐다지만 요즘의 남편들이야 그런 짓은 못하지 않는가. 아내들은 남편에게 문제가 있으면 당당하게 맞서서 남편의 잘못을 고치도록 해야 한다.

한쪽 편이 당해 주면 다른 편은 점점 더 악독해진다. 그러나 한쪽 편이 용감하게 맞서 싸우면 다른 편은 얌전해지거나 도망칠 수밖에 없을 것이다. 계속 당하며 사는 것은 당하는 사람이 괴롭히는 사람과 함께 병적인 관계(피학-가학 관계)에 중독된 것이다.

당하는 어머니의 아이들은 어머니에 대해 **양가감정**을 갖게 된다. 한편으로는 어머니를 불쌍하게 여겨 측은해 하지만 다른 편으로는 당하는 어머니에 대해 화가 나는 것이다. 또한 이런 아이들은 정서적으로 불안해질 수밖에 없다. 당하며 사는 어머니는 아버지의 만행으로부터 자식을 전혀 보호하지 못하기 때문이다.

반찬이 시원찮다고 밥상을 뒤엎어 버리는 아버지를 보면서 큰 아이가 있었다. 그 아이는 당연히 아버지를 증오했고 어머니를 불쌍하다고 생각했다. 성인이 되자 그 아이는 아주 드세고 화를 잘 내는 여자와 결혼을 해서 형편없는 밥상을 받게 되었고, 존중받지 못하면서 살게 되었다. 그러면서도 그는 '아버지처럼 반찬투정은 절대 하지 않겠다'라고 다짐했다. 하지만 그럴수록 반찬은 점점 더 나빠졌다. 그는 드센 여자를 골라 당하면서 사는 것을 재현함으로써 어머니와 자신을 동일시했다. 그러나 속으로는 여성에게 화가 나 있었기 때문에 밖에 나가서는 다른 여자들의 뒤꽁무니를 쫓아다녀 아내를 속상하게 했다. 또한 아버지에 대한 분노 때문에 남자들과는 잘 지내지 못했고 매사에 삐딱한 태도를 보였다. 그 결과 그의 사회생활도 점점 위축되어 갔다.

위의 사례처럼 당하며 사는 어머니 밑에서 자란 아들이나 딸들은 어머니에 대한 동정심 때문에 마마보이나 마마걸이 될 가능성이 많다. 또한 이 아이들은 공포에 무방비로 노출됨으로써 정서가 지극히 불안해지고 건강한 사람관계를 형성할 수 있는 능력을 개발하지 못한다. 특히 이들에게 나타나는 치명적인 문제는 건강한 권리의식의 부재이다. 당하는 부모 밑에서 자란 아이들은 자기의견과 감정을 제대로 표현하지 못한다. 그리고 정당한 이유로 용돈을 받아야 할 때도 당당하게 요구하지 못하거나 갖고 싶은 옷이나 물건을 사달라고 얘기하지도 못하는 등 자식으로서 마땅히 누려야 할 권리에 대한 자각이 부족하다. 당하는 부모에 대한 동정심은 아이들의 건강한 권리의식을 마비시키며 반복해서 당하는 부모의 무기력은 아이들에게 강력하게 학습된다.

당하며 사는 아버지, 어머니들은 자식들에게도 당하며 사는 경우가 많다. 양육을 할 때 부모는 아이들에게 속지 말아야 한다. 부모가 속기 시작하면 아이는 어른을 존경하지 않으며 세상을 만만하게 보게 된다. 한 배우자에게 당하며 사는

다른 배우자는 부부관계에서 무시당하는 것처럼 아이들에게
도 무시당하기 쉽다.

　　"한쪽 부모가 나쁘더라도 다른 한쪽이 건강하다면 아
이들은 기본은 한다."

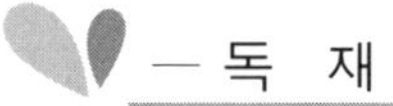 ━ 독　재

　　부모들 중에는 다른 사람의 의견을 존중하지 않고 모든
것을 자기 마음대로 하고야 마는 독재자들도 있다. 이런 사람
들은 보통 위에서 말한 당하며 사는 사람과 환상적인 짝을 이
루어 병적인 관계에 중독되어 산다.

　　자기가 원하는 대로 해야만 직성이 풀리는 이런 부모들
은 자식의 의견을 존중해 주지 않는다. 독재자들은 아이들을
철저히 통제하며 일거수일투족을 감시한다. 또한 자기의 의사
를 강요하기 위해 폭력을 동원하기도 한다.

　　도덕규범을 지나치게 강조하는 경직된 독재자는 역설적
으로 아이들의 도덕성을 파괴한다. 부모로부터 강요되는 도덕
교육은 아이들로 하여금 도덕규범에 대한 반감을 갖게 하기
때문이다. 도덕규범을 강압적으로 주입하는 부모는 사실 도덕
적이지 못한 사람인 경우가 많다. 도덕규범은 민주주의를 전

제로 하는 것이므로 강압적인 도덕의 강요란 그 자체로 모순이다. 아이들은 이러한 모순과 그 배후에 있는 부모의 위선을 간파하게 마련이다.

독재는 두 가지 결과만을 낳는다. 하나는 저항이고 다른 하나는 굴종이다.

독재를 일삼는 부모의 아이들은 세상을 삐딱하게 대하는 반항아가 되든가 잔뜩 주눅들어 눈치를 보며 사는 겁쟁이가 되기 쉽다. 아이가 자주 보고 체험한 것이 폭력을 동원해서라도 기어이 자기의 뜻을 관철시키는 부모의 독재였다면 그 아이 또한 자기 뜻을 실현하기 위해서는 폭력까지도 동원할 것이다.

독재를 일삼는 아버지와 당하며 사는 어머니의 결합은 아이에게 크나큰 심리적 상처를 준다.

— 편애와 불공정성

한국사회에서 특히 심한 남아선호는 온 가족이 총동원되어 아들을 편애하는 것이다. 또한 특정 자녀만 끼고 도는 부모의 편애도 흔하다. 그러나 어떤 것이든 간에 편애의 원인은 아이에게 있는 것이 아니라 부모의 건강하지 못한 인격에 있다.

자기 아버지에게 화가 나 있는 부모의 경우 아들을 무의
식적으로 미워할 가능성이 높기 때문에 딸을 편애하기 쉽다.
반대로 자기 어머니에게 화가 나 있는 부모의 경우에는 딸을
무의식적으로 미워할 가능성이 높기 때문에 아들을 편애하기
쉽다. 이러한 심리적 역동관계는 주변에서 매우 흔하게 관찰
되지만 막상 당사자들은 대부분 이를 자각하지 못한다.

편애받는 아들이나 딸은 안하무인격으로 세상을 살게 되
지만 사랑받지 못한 아이는 부모의 부당함 때문에 억울함을
느끼게 되고 부모를 미워하게 된다. 불공정한 부모는 편애받
는 아이와 사랑받지 못하는 아이 사이를 갈라놓는다. 편애받
는 아이는 사랑받지 못하는 아이를 무시하고 괴롭히며 사랑
받지 못하는 아이는 편애받은 아이를 몹시 미워하는 한편 주
눅들게 된다.

편협하고 불공정한 인격을 가지고 있는 사람 또한 자녀
를 편애한다. 그리고 편애는 항상 자녀에 대한 부당한 대우를
낳는다. 외동이를 키운다고 해서 부모의 불공정성이 사라지는
것은 아니다. 정의롭지 못한 부모는 자녀를 대할 때 필연적으
로 불공정하게 대한다. 아이의 똑같은 행동에 대해 자기 기분
에 따라 어떤 때는 심하게 화를 내지만 어떤 때는 웃어넘기는
것이나 부모 자신이 범한 잘못은 변명을 하고 은근슬쩍 넘어

가지만 아이가 저지른 같은 잘못에 대해서는 심하게 야단치
는 것 등이 불공정한 태도의 한 예이다.

불공정한 부모 밑에서 자란 아이들은 기본적으로 부모에
게 화가 나 있다. 그리고 이러한 부모에 대한 분노는 적절히
해결되지 않으면 세상에 대한 분노로 그 범위가 확장되며 그
강도도 심해진다. 이러한 아이들은 '정의'의 존재를 믿지 않
으려 하기 때문에 세상을 냉소적으로 대하는 경우가 많다.

— 과잉보호

아이를 하나만 낳는 추세가 지속되는 요즘에는 많은 부
모들이 자식을 과잉보호 하는 경향이 있다. 이런 부모들은 아
이가 어떤 짓을 해도 "오냐오냐" 하며 귀여워한다. 심지어는
아이들을 전혀 야단칠 줄 모르는 부모들도 있다.

"내 아이는 특별하게 키울 거예요", "제 아이가 최고예
요"라는 어머니의 자랑 뒤에는 항상 이기심이 깔려 있다. 나
쁜 행동을 하는 아이에 대해 나무라는 다른 어른을 향해 "당
신이 뭔데 내 아이에게 훈계를 하느냐"며 거칠게 항의하는
마피아 보스 같은 부모들도 있다.

이런 부모 밑에서 자라난 아이들은 식당 같은 공공장소

에서 마구 뛰어다니고 연주회장에서 핸드폰 통화를 해대기 일쑤이다. 부모들이 이 아이들에게 심어 준 유일한 신념은 '네 멋대로 해라'이기 때문이다.

과잉보호 속에서 오냐오냐 하며 키운 아이들은 이기주의자가 되며 의존적인 사람이 된다. 사람들이 가장 싫어하는 사람은 이기적인 사람이며 사람들에게 가장 큰 피해를 주는 사람은 의존적인 사람이다. 과잉보호 속에 아이를 키운 부모들은 자기의 아이를 가장 인기 없는 사람, 가장 쓸모없는 사람으로 만들고 있는 것이다.

― 방 치

아이가 어떻게 크든 상관없이 자신의 욕구충족에만 신경쓰는 어머니들도 있다. 유아기의 심리상태에 머물러 있는 이런 어머니들은 아기가 울어대도 좋아하는 연속극이 끝나야 비로소 우유를 주며 휴가를 가면 아이가 먹고 싶은 것을 사주지 않고 기어이 자기가 먹고 싶은 것을 먹는다.

단추가 떨어진 옷을 입고 등교하는 아이, 제대로 씻지 못해 더러운 아이, 학교가 끝나면 구멍가게로 달려가 과자를 사먹으며 여기저기 기웃거리는, 다듬어지지 않고 가꾸어지지 않은 아이들의 뒤에는 항상 자식을 방치하는 어머니가 있다.

잘못을 많이 범하더라도 대부분의 어머니는 적어도 자식들의 기본적인 의식주는 챙겨 준다. 아이들이 부모의 많은 잘못에도 불구하고 강한 애착을 보이는 주된 이유가 바로 여기에 있는 것이다.

어린아이에게 있어서 의식주의 충족, 즉 원초적인 욕망의 충족은 매우 중요하다. 많은 사람들은 어머니를 기억할 때 어머니가 차려 주던 맛있는 음식을 떠올리게 된다. 그렇기 때문에 어릴 때 의식주에서 심한 결핍을 맛본 아이의 상처는 쉽게 치유되지 않는 것이다. 그러나 경제형편의 차이를 불문하고 기본적인 의식주조차 제대로 챙겨 주지 않는 어머니도 있다.

자식을 방치하는 어머니들은 사회적 이목 때문에 남들처럼 결혼을 하고 아이도 낳는다. 그러나 사실 이런 어머니의 내면은 아이를 필요로 하지 않는다. 이런 어머니는 자신의 유아적인 욕망을 충족하는 데만 관심이 있기 때문에 헬스클럽, 수영장, 취미모임 등을 부지런히 드나들면서도 자신을 위해 쓰는 시간의 반도 자식에게 투자하지 않는다.

이렇게 자기가 하고 싶은 대로 하며 막 사는 어머니의 아이들에게는 안전사고가 끊일 날이 없다. 또한 이런 어머니들은 어머니로서의 역할, 학부형으로서의 역할을 수행하는 데서는 무능하기 짝이 없다.

방치되며 큰 아이들은 비록 육체적으로는 어머니가 있지

만 심리적으로는 고아나 마찬가지이다. 어머니의 따뜻하고 세심한 보살핌을 받지 못한 이 아이들은 거칠어지고 매사에 자신감을 가지지 못한다. 또한 이 아이들은 자기 나이에 맞는 올바른 식사습관, 생활규범, 예의범절 등을 제대로 배울 수가 없다. 방치당하며 큰 아이들은 겉으로 보기에도 너무 다듬어지지 않아서 남들의 눈살을 찌푸리게 하기 때문에 귀여움 받지 못한다.

공주처럼 꾸미고 아이처럼 행동하는 여성에게 매력을 느끼는 남자들이 있다. 그러나 이런 남자들은 '철없는 아내'를 선택하는 것이 아이들에게는 참혹한 재난일 수도 있다는 점에 대해 깊이 생각해 봐야 할 것이다.

 — 남편이나 아내만 바라보기

남편이나 아내만 바라보며 사는 부모들도 있다. 이들은 배우자에게 목을 매고 살기 때문에 자식의 존재는 있으나마나 한 것으로 된다. 이런 부모들이 자식에 대한 의무를 성실히 이행하는 경우도 있으나 그것은 배우자로부터 칭찬을 받기 위한 것이지 자식을 정말로 사랑하기 때문은 아니다. 이런 부모는 배우자에만 집착할 뿐 끝내 자식을 바라보지 않는다.

심지어 어떤 부모들은 자식들에 대해 무의식중에 질투를

하거나 부모-자식 사이를 이간질하기도 한다. 이런 증상은 동성의 부모와 자식 간에 좀더 심하게 나타난다. 딸을 질투하여 남편으로부터 떼어놓으려고 이간질하는 어머니나 아들을 질투하여 아내로부터 멀어지게 하려고 하는 아버지의 경우가 그것이다.

아버지-딸, 어머니-아들로 편을 이루어 대립하는 가족의 경우도 있다.

이런 남편이나 아내는 "나를 사랑해?", "왜 사랑한다고 말을 안 해?"라며 배우자를 달달 볶으며 "당신은 애들밖에 모른다"고 투정을 부린다.

> "아버지, 어머니 관계가 나쁜 사람은 동성의 자식들과 잘 지내기 힘들다."

애정결핍을 경험한 사람 또한 모든 사랑을 독점하려고 하기 때문에 배우자의 사랑이 자식들에게로 흘러가는 것을 참지 못한다.

불행하게도 아이들은 아무런 죄가 없음에도 어머니 혹은 아버지로부터 미움을 받게 되므로 애정결핍에 시달리게 된다.

♥ — 비 난

자식을 끊임없이 비난하고 비아냥거리는 병적인 부모도 있다. 이런 부모는 틈만 나면 자식을 비난할 뿐 진심으로 칭찬하는 법이 없다.

"네 주제에 그 정도면 잘한 거지", "웬일이냐? 우등상을 다 받게?", "굼벵이도 기는 재주가 있다더니" 정도가 이런 어머니가 하는 최대의 칭찬이다.

이런 아이들은 성장한 뒤에 아무리 기억을 뒤져 봐도 부모로부터 따뜻한 지지와 격려를 받은 기억을 떠올릴 수 없다. 실제로 부모들은 그런 양육을 하지 않았기 때문이다.

어머니로부터 칭찬받은 기억이 없는 어떤 아들은 '어머니로부터 거절당할지도 모른다는 두려움'을 갖게 되었다. 그는 정말로 사랑하는 여성이 나타났음에도 여자에 대한 자신감이 없었기 때문에 사랑고백을 할 수 없었다. 그는 자신이 정말로 사랑했던 그 여자를 놓치고 거절당할 염려가 없는 형편없는 여자와 나쁜 결혼을 하게 되었다. 그리고 아내로부터 계속 비난받으며 살게 되었고 결국 우울증에 걸리게 되었다.

부모로부터 비난받으며 자란 아이는 사람관계에 '자신감'
을 가지지 못하며 우울하게 지낸다. 또한 비난받는 것에 너무
나 익숙해져 있기 때문에 성인이 되어서도 자기를 비난하는
병적인 사람들에 둘러싸여 살기가 쉽다.

♥ — 집 착

어머니와 사이가 좋지 않았던 한 남자는 결혼을 해서
어머니로부터 충족되지 못한 것을 아내를 통해 보상받으려
고 했다. 그러나 아내와의 관계에서도 문제가 생기자 그는
아내 대신 딸에게 집착하게 되었다. 그의 사무실 책상에는
항상 가족사진 대신 딸의 독사진이 놓여 있었다.

배우자와의 관계에서 절망을 느낀 아버지, 어머니의 경우
자식에게 지나치게 집착하는 경향이 있다. 큰 기대를 품고 한
결혼생활이 엉망이 될 때 그의 인생을 보상해 줄 것은 아이들
밖에 없기 때문이다.

이런 부모들에게 인생의 유일한 의미는 아이뿐이다. 이런
부모들은 "저는 아이들만 보고 살아요", "아이들 없이는 살
수가 없을 것 같아요"라고 말하며 자식들을 유치원에 보내놓
고도 보고 싶어한다.

그러나 아이들에게 있어서 '나만 쳐다보고 사는 부모'의 존재는 엄청난 부담감을 안겨 주게 된다. 자라면서 아이들은 부모의 집착으로 인한 기대 때문에 "숨이 막혀서 살 수가 없어요"라고 호소한다.

또한 부모의 지나친 집착 속에서 자란 아이들은 의존적인 아이로 클 가능성이 많고 결국 부모로부터 독립하지 못하게 된다. 이런 아이들은 나중에 머리가 하얗게 세어서도 힘들 때마다 어머니의 품을 찾아가서 위안을 받으려 한다.

— 알코올중독

한국사회는 알코올중독에 걸려 있다. 친구들간의 친목모임, 기업가들의 접대모임, 국회의원들의 뒤풀이까지 음주문화를 떼어놓고는 사회생활이 제대로 이루어지지 않을 정도이다.

그렇다면 사람들이 이렇게 술에 취하는 이유는 무엇일까?

그것은 우선 사람들이 술의 힘을 빌려 의사표현을 하려고 하기 때문이다.

한국 사회는 술버릇에 관한 한 너무도 허용적이다. 이러한 관대함은 사람들이 일상생활에서는 건전한 의사소통을 제대로 하지 못하고 있음을 반증한다. 속에 있는 말을 제대로 못하는 사람들은 술의 힘을 빌려서야 왜곡된 형태로나마 의사표현을 하는 것이다. 예를 들어 맨 정신으로는 사랑고백을 못하는 사람이 술의 힘을 빌려 고백을 한다든지 직장상사에게 불만표현을 못하는 사람이 술자리에서 꼬장을 부리는 것 등이 그것이다.

암울했던 군사독재 시절을 살아오는 동안 사람들은 자유로운 의사소통을 할 수 없었다. 사회의 모든 분야를 파쇼적인 군사문화가 지배하고 있는 조건에서 자유롭고 민주적인 토론은 설 자리가 없었던 것이다. 입바른 소리를 하는 사람은 보복의 칼날을 피할 수 없었고 정보기관에 의해 불순분자로 낙인찍히는 것을 각오해야 했다. 그러나 사람들의 의사소통을 완전히 막아서는 사회가 돌아갈 수가 없다. 그렇기 때문에 당시의 지배세력은 술자리에서의 왜곡된 의사표현은 허용했고 이것이 고착되면서 기형적인 음주문화가 형성된 것이다. 민주주의의 진전과 함께 기형적인 음주문화는 조금씩 사라지고 있으나 아직도 심각한 폐해를 낳고 있다.

사람들은 또한 술을 자신의 도덕적 탈선행위를 합리화하고 스트레스를 해소하는 데 이용한다. 마누라한테 맨날 당하면서 사는 남편이 술을 잔뜩 먹고 들어와서 한번씩 마누라를 패는 경우가 있다. 그리고 술에서 깨면 "내가 언제 그랬지? 기억이 전혀 안 나는데"라고 말하며 싹싹 빈다. 아내는 남편이 술의 힘을 빌려 자신에게 반항했다는 것을 잘 알고 있지만 묵인해 준다. 남편의 행위가 일상생활에서 유지되고 있는 아내의 지배권을 침해하는 것은 아니므로 엄하게 꾸짖는 선에서 참는 것이다. 이런 식으로 아내는 남편이 술의 힘을 빌려 스트레스를 해소하도록 허용하는 대신 자신의 지배권을 안전하게 지켜낸다.

알코올중독에 걸려 있는 한국사회에서 생활하다 보면 사람들은 자신의 도덕적 탈선행위를 합리화하거나 스트레스를 해소하려면 술을 이용하면 된다는 것을 손쉽게 학습한다. 그리고 실천을 통해 그 효용성을 검증한 뒤에는 그 방법에 중독된다. 인격자처럼 행세하던 사람이 술을 먹고는 여자를 희롱하고 존경받는 대학교수가 술만 먹으면 개처럼 기어다녀도 상관없다. 한 마디만 하면 된다. "이상하다. 기억을 못 하겠는데."

그러나 실제로는 기억을 못 하는 것이 아니라 안 하는 것이다. 아무리 술에 취해서 필름이 끊겨도 자신이 꼭 지켜야 할 비밀은 지켜내는 것이 사람이다. 폭음을 해서 걸핏하면 필름이 끊기는 사람이라 하더라도 수십 년 이상 자기만의 비밀을 지켜낼 수 있으며 항상 집에 찾아올 수 있다. 필름이 끊기는 것을 스스로 허용하지 않는 한 필름은 절대로 끊기지 않는다.

알코올중독에 걸린 아버지는 평상시에는 의사소통을 제대로 못 하며 속에다 감정을 잔뜩 품는다. 그러다가 술을 먹으면 아이를 붙잡고 장황설을 늘어놓거나 화를 내기도 하고 심한 경우 때리기도 한다. 물론 어떤 경우라도 아이는 이런 아버지에 대해 공포심을 느끼게 되며 분노를 쌓게 된다.

이런 알코올중독 아버지 밑에서 자란 아이들의 정서는 매우 불안하다. 또한 이런 아이들은 성장하더라도 건전한 의사소통이나 감정표현을 제대로 하지 못하므로 아버지처럼 술의 힘을 빌릴 수밖에 없을 것이다.

알코올중독에 걸린 아버지는 또한 겉과 속이 다른 이중인격자일 가능성도 있다. 술은 겉과 속이 다른 지킬박사와 하이드의 공존을 가능하게 해준다. 평상시에는 너무나 온순하고 따뜻한 아버지가 술만 먹으면 괴물로 변하여 아이를 괴롭힌다. 평소에는 법 없이도 살 아버지가 술만 먹으면 법에만 안 걸리면 모든 짓을 다하는 사람으로 변한다.

이런 알코올중독 아버지를 보는 아이들은 혼란에 빠질 수밖에 없다. 어느 것이 진짜 아버지일까? 그러나 아이들은 직관적으로 진실을 알아낸다. 술 먹었을 때의 아버지가 진짜임을. 아이들은 이런 아버지를 통해 어른들의 위선을 생생히 보게 되며 세상을 불신하게 된다.

알코올중독은 유전된다. 따라서 알코올중독 부모를 둔 아이들이 자기 부모처럼 알코올중독에 걸리게 될 가능성은 매우 높다. 알코올은 설탕과 분자구조가 같기 때문에 이런 아이들이 설탕중독에 걸릴 가능성 또한 매우 높다.

술을 먹는 여성들이 많아지면서 아이들은 점점 더 알코올의 위협에 노출되고 있다.

술을 자주 마시는 여성에게 있어서 계획임신은 필수적이다. 임신사실을 모르고 음주를 할 경우 태아는 알코올에 의해 심각한 타격을 입게 된다. 주의력 결핍 및 과잉행동 장애를 일으키는 원인 중의 하나로 임신기간에 마신 어머니의 술이 지목되고 있다. 임산부의 음주에 의해 태아의 좌뇌가 손상을 입기 때문이다.

만일 술을 끊을 자신이 없다면 차라리 어머니가 되는 것을 포기해야 한다.

"법으로 처벌받지 않을 뿐 임산부의 음주는 살인행위나 마찬가지이다."

성실하고 끈기 있게 한 가지 일을 하지 못하고 이것저것 일을 벌이거나 아무 일도 하지 않고 무위도식하는 아버지들이 있다. 이런 아버지들은 직장생활에 금방 싫증을 내며 불평불만을 늘어놓는다. 그래서 이 직장 저 직장을 옮겨다니다가 나중에는 개인사업을 하기도 하고 나중에는 가산을 다 날리기도 한다.

심한 경우에는 한평생 거의 일을 하지 않고 백수처럼 사는 아버지도 있다. 재산이 있는 집안에서 태어난 아버지들은 가산을 탕진해 가면서 한량 짓에 몰두하기도 한다.

가난한 집에서 태어난 아버지라고 해서 예외는 아니다. 한량은 어느 계급계층에 속하든 상관없이 성실하게 일을 하지 않는다. 이런 사람들은 아내가 벌어오는 돈으로 생활을 하게 되며 주변사람들에게 빌붙는다. 그 결과 한량을 남편으로 둔 아내들은 가사뿐만 아니라 경제활동까지 책임지게 된다.

무능력하고 나태한 아버지들은 항상 세상 탓, 남의 탓을 하지 자기반성을 하지 않는다. 끊임없는 넋두리와 불평만이 있을 뿐이다.

이런 아버지들도 무의식적으로는 자신이 가정과 사회에 도움이 되지 않는 무능력한 존재임을 알고 있기에 항상 죄의식에 시달린다. 결코 당당할 수 없는 무능력하고 나태한 아버지들은 자신이 없고 비굴하다. 그들은 힘 있는 사람 앞에서는 고개를 숙이고 돈 있는 사람 앞에서는 아부를 한다. 한평생 성실하게 기계를 지켜온 노동자, 한평생 정직하게 땅을 파며 살아온 농부의 당당함을 이들은 가질 수 없다.

아버지가 열심히 일해서 벌어온 재산을 낭비하는 무능력하고 나태한 어머니들도 있다. 이들은 돈 관리를 잘할 줄 모르기 때문에 쓸데없는 곳에다 돈을 낭비하기도 하고 부동산 투기나 주식투자로 재산을 날려 버리기도 한다. 이런 어머니가 경제권을 쥐고 있는 집의 아버지는 허우적대며 '밑빠진 독에 물 붓기'를 하지만 독의 구멍은 너무나 크다.

무능력하고 나태한 부모를 둔 아이들은 너무나 창피하고 부끄럽다. 그리고 아이들은 무능력한 부모에 대해 잔뜩 화가 나 있다. 결국 이런 아이들은 세상에 적응하지 못하게 되어 부모의 삶을 재현하게 될 것이다. 왜냐하면 이 아이들은 부모로부터 성실하게 세상을 살아가는 법을 배우지 못했기 때문에 사회생활에 대한 자신감을 가질 수 없기 때문이다.

세상에 대해 불평불만을 늘어놓는 부모들을 보면서 자란 이 아이들은 어투 또한 부모를 닮아 비난적이고 냉소적이다.

부모가 저지르는 도덕적 타락 중에서 대표적인 것은 '바람을 피우는 것'이다.

아내 몰래 바람을 피우는 아버지도 있지만 아예 아내에게 공개하고 바람을 피우는 아버지들도 있다. 아니면 끊임없이 애인을 바꾸거나 일회용 관계에 탐닉하는 경우도 있다.

어떤 경우이든 아이들은 아버지가 가정을 파괴했다고 믿으며 아버지를 증오하게 되며 어머니를 동정하게 된다. 이런 아이들은 성인이 된 뒤에도 아버지에 대한 분노 때문에 아버지의 상징인 사회에 정상적으로 적응하지 못하며 남자들과 친밀한 관계를 형성하지 못한다.

어머니가 바람을 피우는 경우에는 아이에게 미치는 영향이 더 파괴적이다. 다른 남자를 만나더라도 어머니가 아이의 양육을 책임지는 태도를 보인다면 그나마 아이에게 미치는 충격은 덜할 것이다. 그러나 어머니가 아이를 버리고 떠나 버린다면 아이는 큰 상처를 입게 된다. 아이에게 있어서 어머니는 곧 세계이다. 가정을 깨고 아이를 버리는 어머니는 아이에게 평생 동안 두 번 다시 체험할 수 없는 쓰디쓴 배신을 맛보게 한다.

어머니를 증오하는 아이들의 건전한 정서 에너지는 거의 제로에 가깝다. 어머니로부터의 배신을 경험한 아이들은 사람을 믿지 못하기 때문에 친밀한 사람관계를 형성하지 못하고 끊임없이 불안해하고 의심한다. 이런 아이들은 삶의 의욕을 갖기가 힘들기 때문에 아주 힘겹고 우울하게 세상을 살아가게 된다.

어머니에 대해 화가 난 아들의 여성관은 심하게 왜곡된다. 이런 아들은 어른이 되어 결혼을 하더라도 아내와 친밀한 관계를 형성하기가 매우 힘들다. 이들은 여성에 대한 분노 때문에 가학적이고 변태적인 성행위에 집착하거나 끊임없이 환락가를 들락거리며 일회용 여성들과 병적인 놀이를 즐기기도 한다.

도덕적으로 타락한 부모들은 반사회적 생활태도를 가지고 있다. 반사회적 생활태도란 사회적, 도덕적 규범을 무시하며 거짓말을 일삼고 약속을 지키지 않는 식의 생활태도를 말한다.

이런 부모들은 아무 곳에나 쓰레기를 버리며 교통법규를 무시하고 과속을 일삼는다. '법에 걸리지 않는 한 무엇이든 한다', '규칙은 깨라고 있는 것이다'가 반사회적 생활태도를 가진 사람들의 생활신조이다.

유치원 선생님이 "아이들이 대소변 볼 때 불편하니까 멜빵 달린 옷은 입혀 보내지 마세요"라고 말해도 기어이 멜빵 달린 옷을 입혀 보내는 어머니. 학교 선생님께서 "정규 수업 시간은 9시지만 아이들을 8시 30분까지는 보내 주서야 합니다"라고 부탁해도 9시가 다 되어서야 아이들을 등교시키는 어머니. 이런 어머니들은 자신의 생각과 기준에 따라 규범들을 무시하고 파괴한다. 아이들이 이런 부모에게 배울 것은 '자기 멋대로 사는 것'뿐이다.

남편을 속이면서 흡연을 일삼다가 이를 목격한 아이에게 "아빠한테 말하면 안 돼. 아빠가 엄마한테 무지 화낼 거야"라고 말함으로서 비밀을 만들고 아이에게 거짓말을 하도록 하여 공범자로 만드는 어머니.

"이번 주에는 놀이동산에 가자", "다음 주에는 그 장난감 꼭 사줄게"라고 약속을 하고는 막상 그 날이 되면 "바쁜 일이 생겼거든, 다음 주에 사줄게", "어! 그런 약속을 했었냐? 잊어버렸네"라며 아이를 목빠지게 해놓고는 약속을 지키지 않는 아버지.

반사회적 생활태도를 가진 부모 밑에서 자란 아이들은 어른들을 존경하지 않게 되고 사회규범이나 도덕규범 따위는 지킬 필요가 없다고 믿게 된다. 동시에 아이들은 위선적인 부모를 부끄러워하고 미워하게 된다.

"콩 심은 데 콩 나고 팥 심은 데 팥 난다"는 말처럼 부모의 도덕성은 자식들에게 분명하게 전달된다.

자녀양육을 할 때 나타나는 부모의 잘못은 부모의 인격수준에 비례한다. 인격수준이 높을수록 잘못을 범하지 않을 가능성은 높아진다. 반대로 인격에 문제가 있을수록 잘못을 저지르는 가짓수는 많아질 것이다. 자식들은 부모가 저지르는 잘못의 양과 질에 따라 더 행복해지거나 불행해진다.

마지막으로 강조할 점은 부모들이 자기 잘못을 기억하는가 못 하는가 하는 문제, 부모들이 저지른 잘못이 많은가 적은가 하는 문제는 그리 중요하지 않다는 것이다. 중요한 것은 '자식들의 주관적 체험'이다. 장난삼아 돌을 던진 사람이 그 사실을 잊어버리더라도 혹은 돌을 던진 것이 단 한번뿐이더라도 돌에 맞은 개구리는 죽을 수도 있는 것이다.

(5) 부모의 역할

 **1) 의식주에 대한 책임**

아이들의 의식주를 해결해 줄 수 있는 것은 부모뿐이다.

아이는 어떤 부모를 만나느냐에 따라 의식주에서 심한 결핍감 혹은 포만감을 느끼며 자랄 수 있다.

사회의 구조적인 모순에 의해 야기되는 상대적 빈곤은 의식주에 대한 아이들의 권리를 심각하게 침해하기도 하고 아이들에게 열등감을 심어 주기도 한다. 시장에서 산 값싼 옷밖에는 입어본 적이 없고 학원에 다닐 돈이 없는 아이는 비싼 명품으로 치장하고 고액과외를 하는 아이를 볼 때 박탈감과 열등감을 느낄 수밖에 없다.

그러나 이러한 상대적 빈곤이 아이에게 입히는 상처의 심각성은 부모에 따라 달라진다. 가난을 부끄럽게 여기면서 아이의 눈치를 보며 사는 부모는 아이의 상처를 더 심하게 만든다. 반면에 가난하지만 당당하고 성실하게 살며 아이에게 따뜻한 관심을 기울이는 부모는 아이의 상처를 가볍게 만들어준다. '해줄 수 있는 것은 해줄 수 있다'고 말하고, '해줄 수 없는 것은 해줄 수 없다'고 말하며 형편에 맞게 자신에게 최선을 다하는 부모를 아이는 사랑하며 존경한다.

'부모가 아이들의 의식주를 책임진다'는 것은 경제수준에 맞게 의식주를 책임지기 위해 성실히 노력한다는 것을 말한다.

부모들은 옷을 하나 사주더라도 아이가 입기 편하며 시각적으로 어울리는 것을 골라 줘야 한다. 옷이 헤지거나 단추가 떨어지면 제때 꿰매 주고 달아 주며, 항상 깨끗하게 세탁된 옷을 입게 해줘야 한다. 부모들은 아이가 나쁜 음식들(불량식품, 백설탕류, 인스턴트 식품 등)을 멀리하도록 도와주어야 하며 진수성찬은 아니더라도 정성이 담긴 밥상을 차려 주어야 한다. 또한 주택형편에 맞게 아이가 생활하고 공부하기 편리한 조건을 마련해 주며 집은 항상 깨끗하게 청소해서 쾌적한 환경 속에서 자랄 수 있도록 해줘야 한다.

부모들은 돈으로 자식을 키우려는 자세를 버려야 한다. 비싼 인스턴트 음식을 사다주거나 값비싼 브랜드 옷을 잔뜩 안겨 주는 부모는 자식의 의식주를 제대로 책임지는 부모와는 거리가 멀다. 돈으로 모든 것을 해결하는 부모의 아이는 청소년만 되어도 거세게 항의한다.

"아버지가 돈으로 해준 것 말고 저에게 해준 게 뭐가 있어요?"

아이들이 느끼는 의식주에 대한 만족감은 주관적이다.

어머니가 정성껏 쪄준 감자를 맛있게 먹으며 행복감에 젖어드는 아이, 깨끗하게 빨아 풀을 먹인 하얀 이불속으로 몸을 담그며 달콤한 잠에 빠져드는 아이, 하루종일 구슬땀을 흘리며 성실하게 일하는 부모를 보며 자란 아이는 가난한 집에서 자라더라도 철이 들면 부모에게 이렇게 말할 것이다.

"정말 고맙습니다. 저는 부모님이 자랑스러워요."

그리고 씩씩하게 자기 앞길을 헤쳐 나갈 것이다.

 ## 2) 정서적 지지

병적인 부모는 아이를 정서적으로 불안하게 만들지만 건강한 부모는 아이를 정서적으로 안정시킨다.

아이를 정서적으로 지지한다는 것을 칭찬이나 격려를 많이 해주는 것으로 착각하면 안 된다. 지나친 칭찬이나 격려는 오히려 독이 될 수 있다. 부모가 칭찬을 남발하면 아이들은 정말로 칭찬받을 행동이 아닌데도 칭찬받는다고 생각한다. 지나친 칭찬은 아이에게 자신감을 심어 주지 못하며 부모에 대한 신뢰와 존경심만 깎아먹는다.

아이의 정서를 결정짓는 것은 부모가 던지는 좋은 말이나 칭찬이 아니라 부모의 생활태도이다. 부모들은 아이의 정서에너지를 강화하기 위해 지나치게 노력할 필요가 없다. 단지 자기 생활을 제대로 하면 된다. 아이는 부모의 생활을 보면서 자연스럽게 자신의 정서적 힘을 키워 나갈 것이다.

부모들은 비밀을 만들지 말고 정직하고 솔직하게 살아야 한다. 부모들은 아이의 나이에 맞게 모든 것을 정직하고 솔직하게 공개해야 한다. 아이가 도저히 받아들일 수 없는 문제라면 "미안하다. 너한테는 아직 말해 줄 수가 없구나. 나중에 네가 조금 더 크면 얘기해 줄게"라고 말함으로써 비밀이 있음을 공개해야 한다. 아이들은 아버지, 어머니의 얼굴표정만 봐도 부모의 기분이 어떤지 알 수 있으며 집안 공기만 달라져도 무슨 일인가 일어나고 있음을 알아챘다. 아이들 몰래 소곤소곤 대는 것은 절대 금물이다. 비밀은 아이들을 불안하게 만들고 긴장시킨다.

정서적으로 안정된 부모는 아이에게 자신감과 용기를 준다. 그러나 생활을 건전하게 하지 못하는 부모는 집안을 시끄럽게 만들고 화목하지 못한 가정은 아이의 정서를 갉아먹는다.

세상 사람들이 자신을 욕한다고 해도 '부모님만은 끝내 나를 믿어 줄 것'이라고 생각하는 사람의 인생은 우여곡절을 겪으면서도 세파를 이겨내고 결국 상승곡선을 그릴 것이다. 그러나 바깥에 나가서는 모든 사람들에게 인정받고 칭찬받지만 부모님으로부터 지지받고 격려받지 못한 사람의 인생은 중년기를 넘기지 못하고 하강곡선을 그릴 것이다. 이런 사람들은 세상을 살아갈 마음의 힘을 좀처럼 갖기 힘들다.

3) 도덕적 모범

'불멸의 이순신'이라는 드라마가 유행하던 때의 일이다. 업무시간이 끝난 뒤 중년남자들이 술잔을 나누며 얘기를 하고 있었다.

"이순신이 지나치게 미화되는 것 같아. 원균은 너무 매도당하고."

"맞아요. 이순신도 잘못한 것이 꽤 많대요. 그런데도 드라마는 잘한 것만 보여주는 거죠."

사람은 누구나 다 자신을 통해 주관적으로 세상을 보는 경향이 있다. 그래서 순진한 사람은 악당의 존재를 잘 믿지 못하며 악한 사람은 깨끗한 사람의 존재를 잘 믿지 못한다. 그러나 세상에는 분명히 정의로운 사람도 있고 악당도 있다.

도덕적으로 타락한 사람일수록 이순신 장군 같은 정의로운 영웅이 존재할 수 있다는 사실을 인정하지 않으려 한다.

왜냐하면 그것을 인정하게 되면 자신의 존재가 너무 비참해지고 초라해지기 때문이다.

이런 사람들은 "당신도 잘못한 게 있지 않느냐"라고 말하며 상대방을 물귀신처럼 물고 늘어진다. 아무리 건전하게 사는 사람이라 하더라도 잘못이나 실수를 전혀 범하지 않고 살 수는 없다. 그래서 이런 말을 들으면 '나도 잘못한 게 있는데'라는 생각 때문에 도덕적으로 문제가 있는 사람들에게 할 말을 못하고 당하기도 하는 것이다.

이순신 장군이나 안중근 의사 같은 분들도 당연히 잘못이나 실수를 한 게 있을 것이고 원균이나 이완용 같은 사람들도 어쩌다 잘한 일이 있을 것이다. 그렇다고 해서 나라를 지켜내기 위해 모든 것을 다 바쳐 싸운 이순신 장군의 작은 실수가 사리사욕과 무능 때문에 범한 원균의 잘못과 같을 수는 없다. 또한 안중근 의사의 애국적 의거가 이완용의 사소한 선행과 비교될 수는 없는 것이다.

착한 사람은 실수를 하며 살더라도 역시 착한 사람이지만, 나쁜 사람은 몇 가지 착한 일을 하며 살더라도 역시 나쁜 사람이다.

이순신 장군을 대할 때 사람들은 몇 가지 태도를 가질 것이다.

어떤 사람들은 이순신 장군을 마음속 깊이 존경하며 그

분의 삶을 따라 배우기 위해 노력한다. 또 어떤 사람들은 이 순신 장군의 생애를 보고는 부끄러움을 느끼며 반성을 하기 도 한다.

그러나 어떤 사람들은 이순신 장군의 존재 자체가 부담 스러워 질투를 하고 샘을 내게 된다. "나한테만 문제가 있는 게 아니다. 당신도 문제를 갖고 있다"며 남을 깎아내리는 사 람들은 정말로 '문제 있는' 사람들이다. 자기 잘못을 반성할 줄 모르고 끊임없이 변명하며 다른 사람의 장점을 존중할 줄 모르는 사람에게 미래란 없다.

면 결국 자기만 당하잖아. 요즘 같은 세상에는 원균같이 사
는 것이 필요하거든.”

그 날 아내는 더 이상 참지 못해 남편과 다투게 되었고
혼란에 빠진 아이에게 아빠가 틀렸음을 설명해 주어야 했
다. 아내의 반복되는 설득과 비판에도 남편은 전혀 변하지
않았고 아이에게 계속 나쁜 영향을 주었다. 또한 남편은 아
내의 거듭되는 권유에도 불구하고 상담에 참여하지 않았다.
그 여성은 아이를 더 이상 망칠 수 없었기 때문에 상담을
진행하면서 남편과 아이를 분리하기 위해 별거를 고려중이
다.

정의로운 사람, 도덕적인 사람에 대해 삐죽대는 부모들은
아이들에게 올바른 도덕성을 심어 줄 수 없다. 그들이 양육하
는 아이들이 모두 ‘비도덕적인 사람’으로 되지는 않겠지만,
그 아이들이 ‘도덕적인 사람’이 되는 것은 남들보다 훨씬 더
어려울 것이다.

도덕적이지 못한 부모의 언행으로 인해 훼손된 아이의
도덕성은, 아무리 많은 돈을 줘도 살 수 없고 아무리 좋은 약
을 써도 고칠 수 없다. 아이를 정말 사랑하는 부모라면 지금
부터라도 몸가짐을 바로 하며 정직하고 바르게 살아가야 할

것이다.

 ## 4) 건강한 의사소통

부모들은 아이와 제대로 된 의사소통을 하고 싶어한다. 따라서 아이 앞에서는 말을 가려서 하며 아이가 말하는 것을 주의 깊게 듣고 좋은 말을 해주기 위해 노력한다. 그러나 아이들은 아버지-아이, 어머니-아이 간의 의사소통에서보다 '아버지-어머니 간의 의사소통'을 관찰함으로써 '대화의 방법'을 더 많이 배운다. 따라서 아버지, 어머니가 정말로 노력해야 하는 것은 서로 간에 건강한 의사소통을 나누는 것이다.

대화가 잘 안 되는 부부가 있다. 이 부부는 서로 대화를 할 때 목구멍까지 넘어오는 말들을 결국 하지 못하고 삼키곤 한다. 부부간에 서로 대화가 안 된다고 느끼는 지점은 대개 같은 주제인데 그것은 보통 갈등의 영역과 관련된다. 이런 부부는 서로 대화하기를 피하는 주제에 대해서, 상처를 주지 않으면서도 대화할 수 있는 방법을 알아야 하고 그것에 익숙해지기 위해 연습해야 한다.

의사소통에서 중요한 것은 다음과 같다.

첫째, 상대방의 말을 끝까지 잘 들어야 한다.

남의 말을 듣는 사람은 상대방이 전달이 잘되게 말을 하면 그 내용에 대해 "정말 이해가 잘 된다", "무슨 말인지 알겠다"는 등의 **공감표현**을 해야 한다. 공감표현을 한다고 해서 그것이 상대방의 의견에 동의한다는 뜻은 아니다. 의견이 같건 다르건 상관없다. 그러나 상대방의 말 중에서 조금이라도 이해가 안 되는 내용이 있거나 모호한 점이 있으면 절대 지레짐작을 하지 말고 반드시 되물어야 한다.

가장 나쁜 의사소통 중의 하나는 상대방의 말을 자르는 것이다. 상대방의 말을 자르는 사람은 타인의 말을 경청할 자세가 되어 있지 않으며 자기 말만 하려고 하는 유아적인 사람이다. 상대방의 말을 끝까지 잘 듣지 않고 하는 말이 좋을 리가 없다.

두 번째, 말을 하는 사람은 자신의 생각이나 감정, 기분을 억압 없이 충분히 잘 전달해야 한다.

말하는 사람은 '상대방이 어떻다고 평가'를 내리기보다는 '내가 어떻다'는 것을 잘 표현해야 한다. '내가 어떻다'는 것을 잘 표현한다는 것은 '네가 그렇게 행동하니까 나는 이렇게 느끼고 생각한다'는 식으로 나의 생각과 기분을 잘 전달한다는 것을 말한다. 예를 들어 "너는 왜 그렇게 자주 화를 내니?"라고 말하는 것보다 "네가 그렇게 자주 화를 내니까 내가 너무 힘들어"라고 표현하는 것이 더 바람직한 의사소통인 것이다. 말하는 사람은 또한 가능한 한 간결하면서도 분명하고 명료하게 자신의 생각과 기분을 표현해야 한다.

어떤 사람들은 자신의 생각은 잘 표현하는데 감정이나 기분은 제대로 표현하지 못한다. 이런 사람은 논리적인 말은 잘 하지만 자기감정을 잘 표현하지 못하기 때문에, 화가 날 때는 감정의 수위를 조절하지 못해 상대방에게 공격적인 말과 행동을 하기 쉽다. 반면에 자신의 감정이나 기분을 표현하는 데는 익숙하지만 자신의 생각은 잘 표현하지 못하는 사람도 있다. 이런 사람은 "열 받는다, 화난다, 기분 나쁘다"라는 말은 남발하면서도 정작 왜 화가 나는지를 잘 전달하지 못하기 때문에 듣는 사람을 열 받게 만든다. 어느 경우이든 모두 잘못된 의사소통이다.

상대방의 기분을 무시하면서까지 자기가 하고 싶은 말만 마구 하는 것도 잘못이지만 억압 때문에 해야 할 말을 못하는 것도 잘못이다. 영업판매원의 장황한 설명을 고통스럽게 들으면서도 "이제 그만 하세요"라는 말을 못 한다면 그 피해는 모두 자신에게 돌아올 뿐이다.

사람마다 소통에는 '숙제'가 있다. 어떤 사람은 상대방이 마음을 다치든 말든 지나치게 자신이 하고 싶은 말을 쏟아내기도 하고 또 어떤 사람은 상대방이 어떻게 반응할지 몰라 두려워서 꼭 해야 될 말을 삼킨다. 지나치게 말을 쏟아내는 사람에게 주어진 숙제는 '말을 아껴서 단정하게 하는 것'이며, 말을 삼키는 사람에게 주어진 숙제는 '말을 억압하지 말고 다소 두서가 없더라도 언어표현의 양을 늘리는 것'이다. 특히 속상한 얘기를 자꾸 참으면 화병에 걸리기 쉬우므로 주의해야 한다. 그러므로 사람들은 자신의 의사소통 방식에서 나타나는 장점과 단점을 정확하게 파악하여 장점은 강화하고 단점은 보완해야 할 것이다.

대화의 원칙은 남녀노소의 차이와 상관없이 항상 지켜져야 한다. 동문서답과 장광설 그리고 모호함을 참는 것, 자기 말만 하거나 부정적인 어투의 말을 달고 사는 사람들과 말을 섞는 것은 분명히 정신건강에 해롭다.

대화의 기본원칙이 매우 간단함에도 불구하고 너무도 많은 사람들이 이러한 원칙을 지키지 않으면서 대화를 나눈다. 한국 사회에서 지도적인 위치에 있는 사람들은 국민들에게 건전한 의사소통의 모범을 보여야 하며, 부모들은 자식들에게 올바른 대화법을 가르쳐야 한다. 왜곡된 의사소통으로 인한 불쾌감과 심신의 에너지 낭비를 없애고, 말 같은 말을 하고 말 같은 말을 들으면서 살 수 있는 세상을 만들 때 사람들 사이의 관계는 훨씬 매끄러워질 것이며 머릿속은 상쾌해질 것이다.

　부모가 자기 역할을 충실히 할 때 부모로서의 지위와 권위는 유지될 수 있다. 민의를 대변하는 역할을 하지 못하는 정치인이 결국 국민의 심판을 받는 것처럼 부모로서의 역할을 제대로 하지 못하는 부모는 결국 자식들로부터 부모대접을 받지 못하게 될 것이다. 부모의 역할에 대한 고민 없이도 부모의 역할을 어느 정도 수행할 수는 있다. 그러나 부모의 역할에 대해 깊이 생각하고 고민하는 부모가 자신의 역할을 더 잘 수행할 수 있다.

2 환 경

(1) 미시적 환경

'맹모삼천지교(孟母三遷之敎)'란 말이 있다. 맹자의 어머니가 아이의 교육을 위해 세 번이나 이사를 갔다는 뜻인데 이는 옛 사람들도 아이에게 미치는 환경의 중요성을 잘 알고 있었음을 말해 준다.

어른들은 환경으로부터 일방적으로 영향을 받지는 않는다. 어른은 자기 환경이 마음에 들지 않으면 그것을 개조할 수 있기 때문이다. 그러나 아이들은 환경을 개조할 힘을 아직 갖지 못했기 때문에 어른이 제공하는 환경으로부터 일방적으로 영향을 받기 쉽다. 아이들에게 건전하고 쾌적한 환경을 마련해 주는 것이 어른들의 의무로 되는 것은 바로 이런 이유 때문이다.

아이들에게 무엇보다도 중요한 것은 건강한 인적(人的) 환경이다. 아이들은 부모뿐만 아니라 주변의 어른들로부터도 많은 영향을 받는다. 아이 주변에 건강한 어른들이 많을수록 아이에게는 유리하고 병든 어른들이 많을수록 불리하다.

농촌경제가 주를 이루던 과거의 한국사회에서는 대가족제도가 일반적이었다. 반면에 산업화가 진전된 이후의 한국사회에서는 핵가족제도가 보편화되었다. 그 결과 아이에 대한 부모의 영향력은 매우 커졌다.

아이들에게 있어서 핵가족화는 득보다는 실이 많다. 핵가족화는 양육경험이 부족한 젊은 부모들에게 아이의 양육을 전적으로 맡기는 결과를 낳았다. 그러나 할아버지, 할머니를 비롯해 여러 친척들과 함께 살 경우 나이 든 사람들의 양육경험은 젊은 부모에게 큰 도움이 될 수 있다. 또한 부모가 양육과정에서 어려움을 겪을 경우 다른 어른들의 조언이나 도움을 구할 수 있다. 즉 부모의 서툰 양육은 보완될 수 있는 것이다.

대가족제도에서는 부모가 잘못 되더라도 아이는 익숙하게 알고 지내던 친인척들에 의해 키워짐으로써 심리적 타격을 덜 받는다. 그러나 핵가족 시대인 오늘날에는 부모가 잘못되면 아이들은 하루아침에 고아가 되거나, 친척이더라도 안면이 거의 없는 어른들에게 맡겨져 힘든 적응기간을 견뎌내야만 한다.

과학기술이 급속도로 발달한 오늘날에는 양육과 관련해서도 많은 지식과 정보들이 보급되고 있다. 젊은 부모들은 부모가 되기 위해 양육과 관련된 책을 읽고 최신정보들에 귀를 기울인다.

그러나 양육과정에는 책과 인터넷이 다루지 못하는 숱한 문제들이 존재한다. 조상 대대로 전수되며 내려온 양육에 관련된 상식들과 나이 많은 어른들의 양육경험은 분명 가치 있는 것이다. 이런 점에서 대가족제도는 부분적인 단점에도 불구하고 핵가족제도와 비교해볼 때 아이에게는 행복한 환경이다.

가장 우려되는 환경은 부모가 될 마음의 준비도 없고, 노력도 하지 않는 아버지, 어머니가 아이를 키우는 경우이다. 이럴 경우 아이는 준비되지 않은 부모의 무지와 실수 때문에 치명적인 상처를 입기 마련이다.

아이는 자라면서 점차 부모 이외의 다른 사람들과도 관계를 형성하게 된다. 여러 친인척들, 유치원과 학교의 선생님, 사교육 선생님, 이웃집 사람들, 구멍가게 아저씨, 식당 아주머니 등 아이는 여러 어른들을 만나게 된다. 그 과정에서 이러한 어른들 또한 아이에게 많건 적건 영향을 미친다.

건강한 어른들이 많은 환경에서 아이를 키우고 싶은 것이 부모의 마음이겠지만 현실은 그렇지 못한 경우가 많다. 이럴 때 부모의 역할은 매우 중요하다. 아이들이 자주 접하는 어른 중 마음이 병든 언행을 보이는 사람이 있다면, 그런 어른들의 잘못에 대해 아이들에게 알아들을 수 있을 만큼 설명을 해주고, 아이가 어떻게 대처해야 하는지 가르쳐 주어야 한다.

동시에 건강하지 못한 어른에게는 아이에게 부적절한 행동을 하지 말도록 요구해야 한다. 이것은 아이에게 '어른의 잘못된 행동을 멈추게' 할 수 있으며 '어른도 잘못하면 반성'해야 한다는 것을 경험할 수 있게 할 것이다.

비록 건강하지 못한 부모에게 양육되더라도 아이가 인생을 살아가면서 '정말로 존경할 만한 어른'을 만난다면, 아이에게 미치는 부모의 결함은 어느 정도 상쇄될 수 있다. 최악의 경우는 나쁜 양육을 받은 아이가 청년기에 진입할 때까지 '존경할 만한 어른'을 단 한 번도 경험하지 못하는 것이다.

아이들은 또한 친구들로부터도 많은 영향을 받는다. 따라서 좋은 친구들은 가까이 하고 나쁜 친구들은 멀리 해야 한다. 다만 "저 아이는 나쁜 아이야. 그러니까 놀지 마"라고 하면서 부모가 아이의 친구를 정해 주는 것은 좋지 않다. 자기 아이가 문제행동을 하는 친구로부터 영향을 받는다면 부모는 그 친구의 행동 중에서 무엇이 나쁜 행동인지를 구체적으로 말해 주어야 한다. 그리고 그 친구에게 나쁜 행동을 고칠 것을, 아이가 요구하도록 해야 한다. 그 친구가 나쁜 행동을 고친다면 좋은 일이지만 그렇지 못하다면 아이 스스로가 나쁜 친구와는 친하게 지내지 않을 것이고 나쁜 행동을 배우지도 않을 것이다.

건강한 인적 환경과 더불어 아이들에게 중요한 것은 건전한 주변 환경(물리적 환경)이다.

아이들에게 건전한 주변환경을 마련해 줄 수 있다면 정말 좋겠지만 그것은 부모의 힘만으로는 해결될 수 없는 사회적 과제이다.

건전한 주변환경은커녕 아이에게 해로운 환경이 아니기만 해도 다행인 것이 오늘의 현실이다. 안전사고의 위험이 많은 것, 걸음걸음마다 불량식품을 파는 것, 문방구 앞에 오락기가 즐비하게 늘어서 있는 것, 등하교 길에 불량배들이 출몰하는 것 등이 아이에게 해로운 환경의 예이다. 부모들은 아이들이 해로운 환경에 무방비 상태로 노출되지 않도록 최대한 노력해야 하며 건전한 주변환경을 조성하기 위한 사회적 노력을 전개해야 할 것이다.

환경요인이 아이의 인생에 중요하기는 하지만 부모가 미치는 영향에 비하면 부차적이며 제한적이다. 자기의 환경을 통제하거나 개조할 능력이 없고 인생 선택권이 없는 어린아이들에게 어떤 환경을 제공하느냐 하는 것은 전적으로 부모들에게 달려 있기 때문이다.

부모들은 아이에 대한 인적 환경, 주변 환경의 영향을 상당부분 통제하고 관리할 수 있다. 따라서 좋은 부모가 양육한 아이들은 동시에 좋은 환경에서 자라게 될 가능성이 크다.

"아이들에게 건강한 인적 환경과 물리적 환경을 제공하는 것이 환경치료의 기본이다."

(2) 거시적 환경

사람의 인생을 큰 범위에서 규정짓는 것이 거시적 환경이라는 점을 부정할 수는 없을 것이다. 거시적 환경에는 역사적 시기, 사회의 성격 등이 포함된다.

역사적 시기는 사람의 인생을 규정한다. 고대노예제나 봉건제 시대에 태어난 사람의 인생은 자본주의시대에 태어난 사람의 인생과는 기본적으로 다르다. 신분적 예속에 얽매여 살아야만 했던 노예나 농노보다는 자본주의시대에 사는 사람의 인생이 좀더 행복할 것이다. 역사적 진보는 분명 사람의 인생을 좀더 행복하게 한다.

사회의 성격 또한 사람의 인생을 규정한다. 동 시대를 살고 있는 지구촌 사람들의 인생은 그가 살고 있는 사회가 어떤 사회인가 하는 데 따라 달라진다. 미국에서 태어난 사람과 이라크에서 태어난 사람의 인생은 분명 다를 것이다. 한반도의 남쪽에서 태어난 사람과 북쪽에서 태어난 사람의 인생 또한

다를 것이다.

　사람은 부모를 선택할 수 없듯이 국가나 사회도 선택할 수 없다. 그러나 국가나 사회는 그 구성원들의 인생을 큰 범위에서 기본적으로 규정한다. 끊임없는 전쟁의 불길이 전 국토를 휘저은 이라크 국민들의 인생은 기본적으로 불행하다. 또한 테러리스트들의 표적이 되어 공포에 떨어야 하고 전 인구의 60%가 비만으로 뒤뚱거리는 미국인들의 인생 또한 불행하다. 이렇게 국가나 사회는 사람의 인생을 큰 범위에서 기본적으로 규정한다.

　부모들이 자기 아이를 아무리 잘 키우고 싶어도 사회가 병들어 있다면 그러한 소망을 성취하는 것은 불가능하다. 병든 사회는 무엇보다도 부모들을 정직하고 바르게 살지 못하게 한다. 병든 사회는 또한 병든 사람을 점점 많이 만들어내고 나쁜 환경을 조성해 아이들을 병들게 한다. 현실사회는 '내 아이만은 잘 키우고 싶다'는 부모의 희망을 무참히 짓밟아 버리는 것이다. 따라서 자기 아이를 정말로 사랑하며 그 아이의 미래를 걱정하는 부모들은 필연적으로 건강한 사회를 만들기 위해 행동할 수밖에 없다.

거시적 환경이 그 사회에서 살고 있는 모든 사람의 인생(민족의 운명, 국민의 운명)을 규정한다면 '인생의 법칙'은 개개인의 인생을 규정한다.

일제식민지 시대를 살았던 민중들의 인생은 기본적으로 불행했다. "식민지 백성은 상갓집 개만도 못하다"는 말처럼 민중들은 일본제국주의에 의해 자주권을 박탈당한 채 노예적 착취를 당했고 강제로 사할린과 동남아, 일본의 탄광 등으로 끌려갔다. 식민지의 남성들은 일본군대의 총알받이로 동원되거나 일본자본가의 채찍을 맞으며 노역살이를 해야만 했으며 여성들은 정신대로 끌려갔다. 나라를 빼앗긴 식민지 백성들의 인생은 그야말로 처참했던 것이다.

그러나 처참했던 민족 전체의 인생 속에서 개개인들의 인생은 다시 여러 갈래로 나누어졌다. 총을 들고 일본제국주의에 맞서 싸웠던 독립투사들의 인생, 독립운동에 직접 나서지는 못했지만 반일의식을 가지고 일본에 저항한 민초들의 인생, 일제의 탄압이 무서워 당하면서 살았던 소시민들의 인생, 부귀영화를 위해 일본제국주의의 앞잡이가 되었던 매국노들의 인생.

식민지 시대를 살았던 사람들에게도 성공한 인생과 실패한 인생, 건강한 인생과 병적인 인생, 행복한 인생과 불우한 인생은 있었다. 독립투사의 인생은 성공한 인생, 건강한 인생, 행복한 인생 쪽에 속할 것이지만 매국노의 인생은 실패한 인생, 병적인 인생, 불우한 인생 쪽에 속할 것이다.

그렇다면 같은 시대, 같은 사회를 살았으면서도 사람들은 왜 이렇게 다른 인생을 살았을까? 같은 시대, 같은 사회 속에서 살고 있더라도 각 개인의 인생은 '부모, 환경, 유전자의 차이'에 따라 제각기 달라지기 때문이다. 임진왜란의 불길은 모든 조선민족을 덮쳤다. 그러나 동일한 전란을 겪으면서도 이순신 장군과 원균은 다른 인생을 살았다. 오늘날 한국사회에서 살고 있는 모든 사람들은 한국사회가 껴안고 있는 문제들로부터 결코 자유로울 수 없다. 그러나 그와 동시에 '부모, 환경, 유전자의 차이에 따라 인생은 규정된다'는 인생의 법칙에 의해 개인의 삶은 서로 달라진다.

3 유전자

　건강하지 못한 어머니 밑에서 자란 자식들이 모두 같은 문제를 가지는 것은 아니다. 부모가 아이에게 집착해 과잉보호 식의 사랑을 받거나 혹은 너무 사랑을 받지 못하고 자란 아이들은 부모에게 '고착된 아이'가 되기 쉽다. 그러나 어머니에게 집착하는 대신 반항하면서 어머니와 싸우는 아이도 있다. 이런 아이는 어머니와 다른 형제들의 비난을 받으면서도 계속 어머니에게 저항하기도 한다. 같은 어머니 밑에서 자란 아이들이 이렇게 서로 다른 부모-자식 관계를 형성하는 것은 아이들이 타고난 유전자가 다르기 때문이다.

　사람이 세상에 태어나서 겪게 되는 불평등에는 여러 가지가 있다. 사회계급적 모순으로 인한 불평등, 인종적 차이로 인한 불평등, 남녀의 차이로 인한 불평등 등이 그것이다. 이러한 불평등은 사람의 노력 여하에 따라 개선될 수 있지만 유전자의 차이로 인한 불평등은 좀처럼 극복하기가 쉽지 않다.

　죽어라고 공부를 해도 머리가 도저히 받쳐 주지 않는 사람이나 축구선구가 되고 싶지만 허약한 신체조건을 타고난 사람은 세상이 너무나도 불평등하다고 느낄지도 모른다. 한 개인을 기준으로 놓고 볼 때 유전자의 차이는 분명 사람들을 불평등하게 만든다. 그러나 먼 조상 때부터 대대로 이어진 사람의 역사를 기준으로 살펴볼 때 유전적 차이는 진화의 결과임을 알 수 있다.

집오리나 닭도 조류인 만큼 아주 먼 옛날에는 하늘을 날아다녔을 것이다. 그러나 점점 날개를 쓰지 않게 되면서 날개의 기능은 퇴화되었고 결국에는 날지 못하게 되었다. 포유류이지만 물속에서 살기를 원했던 돌고래는 네 발이 지느러미로 변하였고 점차 물고기 같은 모습으로 진화했다. 이렇게 자주 사용하지 않는 신체기능은 퇴화되지만 자주 사용하는 신체기능은 발달한다. 마찬가지로 자주 사용하는 정신기능은 발달하지만 게으르게 사용하는 정신기능은 퇴화된다.

머리가 좀 나쁘게 태어났다고 해서 화를 내며 공부를 게을리 하는 사람의 자식들은 더 나쁜 머리를 가지고 태어날 가능성이 많다. 대를 이어가면서 계속 공부를 게을리 한다면 그 가문에서 태어날 아이들의 머리는 점점 나빠질 것이다. 그러나 대를 이어가며 죽어라고 노력하면 후손에게 좀더 좋은 머리를 물려줄 수 있다. 머리가 나쁜 사람이 신세한탄 대신 남들보다 더 열심히 노력한다면 그의 아이는 좀더 영리하게 태어날 것이다.

이런 점에서 볼 때 세대를 이어가며 정직하고 바르게 산 가문의 아이가 좋은 유전자를 갖고 태어나는 것은 조상들의 선행에 대한 하늘의 보답일지도 모른다.

조상들의 죄 때문에 나쁜 유전자를 받게 되는 것을 인과응보적 결과로 해석한다고 해도 막상 나쁜 유전자를 물려받은 당사자는 조상이 원망스러울 수밖에 없다. 그러나 자신이 어떻게 사느냐에 따라 조상 때부터 계속 이어져 내려오는 업(業)은 자기 대에서 계속 이어질 수도 있고 끊어질 수도 있다. 아버지의 범죄를 아들이 반드시 속죄해야 된다는 것이 법으로 정해져 있지는 않지만 아들은 자기 아버지의 범죄에 대해 도덕적 책임을 느낀다. 사람은 여러 세대를 이어가며 사는 역사적 존재이므로 조상의 업으로부터 결코 자유로울 수 없는 것이다.

"사람의 유전자에는 조상의 삶이 농축되어 있다."

아버지의 정자와 어머니의 난자가 만날 때부터 한 개인의 삶은 시작된다. 아버지의 정자와 어머니의 난자에는 각각 아버지의 삶과 어머니의 삶이 녹아들어 있다. 아버지와 어머니는 '자신의 삶을 어떻게 살았는가'에 따라 아이에게 좋은 유전자들을 넘겨줄 수도 있고 나쁜 유전자들을 넘겨줄 수도 있다. 부모들은 이미 아이를 낳기 전부터 자기 인생을 '어떻게 사느냐'에 의해 아이의 유전자를 규정하며 그것을 통해 아이의 인생에 영향을 주기 시작한다.

당당하지 못한 인생을 산 부모들이더라도 자기의 업을 아이에게 물려주고 싶은 생각은 없을 것이다. 그렇기 때문에 많은 부모들은 아이를 가질 때가 되면 반성도 하고 생활을 건전하게 꾸려 나갈 결심도 한다. 옛날에 어머니들이 삼신할미에게 훌륭한 아이를 점지해 달라고 백일기도를 했던 것도 따지고 보면 아이에게 좋은 유전자를 물려주기 위해 몸과 마음을 가다듬는 자기수련이었다. 어쨌든 부모들은 이렇게 아이를 맞이할 마음의 준비를 하면서 계획임신을 한다. 그러면 유전자는 어머니에게 좋은 태몽으로 화답한다.

아이에게 좋은 유전자를 물려주기 위해서는 부모는 무엇보다도 자기 인생을 똑바로 살아야 한다. 또한 아이를 가지기 전부터 몸과 마음을 다듬으면서 바른 생활을 하고 계획임신을 해야 한다. 조상과 부모가 모두 훌륭하고 계획임신을 한다면 훌륭한 아이가 태어날 것이다. 그러나 조상과 부모에게 문제가 있는데도 계획임신조차 못한다면 그 결과는 결코 좋지 않을 것이다.

　우월한 유전자를 가지고 태어난 아이는 분명 열등한 유전자를 가지고 태어난 아이보다는 인생곡선이 좋을 것이다. 사람은 선행 세대로부터 물려받은 유전자의 힘을 담보로 세상을 살아나가고 자신의 삶을 통해 그 유전자를 더 좋게 하거나 나쁘게 해서 다음 세대에게 넘겨준다. 남들보다 나쁜 유전자를 가지고 있다고 해서 열등감을 가지지 말고 더 열심히 노력해야 하는 것은 자기의 삶이 자기 개인에게만 국한되지 않고 자식의 인생에도 영향을 미치기 때문이다. 비록 자본주의 사회가 돈이면 무엇이든지 해결할 수 있는 사회라고는 하지만 자식에게 좋은 유전자를 물려주려는 부모의 소원은 돈으로 해결하지 못한다.

4 '인생의 법칙'이 가지는 의미

사람의 인생을 규정하는 것은 부모, 환경, 유전자이다. 그러나 부모, 환경, 유전자가 사람의 인생을 규정하는 정도는 각기 다르며 그 방식 또한 다르다.

사람의 인생곡선은 생의 초기인 유년기 시절에 거의 결정되는데 그 유년기를 규정하는 것이 바로 부모, 환경, 유전자라는 변수이다.

부모, 환경, 유전자 중에서 사람의 인생에 가장 큰 영향을 미치는 것은 부모이다. 환경이나 유전자는 주로 부모를 통해서 사람에게 영향을 미친다. 부모는 아이에게 미치는 환경의 영향을 조절통제하기 때문에 같은 환경에서 자란 아이라고 해도 부모에 따라 서로 다른 경험을 하게 된다. 부모는 또한 조상으로부터 물려받은 유전자를 그대로 넘겨주지 않고 그것에 가감을 해서 선택적으로 아이에게 전달한다.

그렇다면 '인생의 법칙'은 바꿀 수 있는가?

정답은 '바꿀 수 없다'는 것이다. 즉 사람은 자기 인생에 대한 부모, 환경, 유전자의 영향력을 없앨 수 없다. 다만 사람에게 허용된 것은 부모, 환경, 유전자를 변화시킴으로써 인생곡선을 변화시키는 것뿐이다.

부모, 환경, 유전자라는 세 가지 변수는 모두 다 바꾸기 힘들지만, 상대적으로 부모라는 변수가 가장 바꾸기 쉬우며, 환경이나 유전자는 바꾸기가 더 어렵다.

미시적 환경보다는 거시적 환경을 바꾸기가 더 힘들다. 그리고 거시적 환경을 바꿀 수 있는 가능성은 청년기 이후에나 열린다. 청년기가 되어야 사람은 사회제도나 경제제도 등을 바꾸기 위한 정치적 운동을 할 수 있기 때문이다. 또한 거시적 환경은 한 개인의 힘으로는 바꿀 수 없으며 사회구성원들의 공동의 노력(사회적 운동)을 통해서만 바꿀 수 있다.

유전자는 자기 대에서는 바꾸기가 거의 불가능하다. 다만 바르게 살아감으로써 몸속에 잠재해 있는 좋은 유전자들을 일깨울 수 있을 뿐이며 그것을 자식에게 전달하는 것만이 가능하다. 유전자는 여러 세대를 거쳐야만 바꿀 수 있는 것이다. 그러나 세대를 거치면서 바뀌어진 유전자는 다음 세대에 자동적으로 전달되며 강력한 영향력을 행사한다.

부모라는 변수는 열심히 노력한다면 변화시킬 수 있다. 따라서 한 개인의 인생을 변화시킬 수 있는 가장 빠른 길은 부모로부터의 영향력에 변화를 주는 것이다. 부모로부터 나쁜 영향을 받고 있다면 그것을 끊어내야 하고 부모로부터 좋은 영향을 받고 있다면 그것을 더 강화시켜야 한다.

부모를 변화시킬 수 있는 가능성 또한 청년기부터 주어지는 경우가 많다. 사람은 청년기에 진입하게 되면 '부모-자기 관계'를 돌아볼 수 있는 지혜를 갖게 되고 부모로부터의 영향을 강화하거나 차단할 수 있는 힘도 가지게 된다. 청년기에 기회를 놓치고, 나이가 들어갈수록 자신에게 미치는 부모의 영향력은 더 커지며 그것을 통제하기는 더 어려워진다.

이렇게 사람의 인생은 부모, 환경, 유전자에 의해 규정되기 때문에 건강한 인생을 살려면 부모, 환경, 유전자를 바꾸기 위해 노력해야 한다. 이것이 바로 '인생의 법칙'이 가지는 의미인 것이다.

Chapter / 3

사람이 자기 인생의 비밀을 자각하지 못한다면
유년기에 이미 결정된 인생곡선 대로 살다가 죽을 것이다.
그러나 자기 인생의 비밀을 자각하고
그것을 바꾸려는 노력을 치열하게 한다면
인생곡선은 바꿀 수 있다.

'부모-나 관계'를 파악하는 것이 무엇보다도 중요하다.
'부모-나 관계'에는 자기 인생의 모든 비밀이 담겨있다.

인생곡선 바꾸기

사람이 자기 인생의 비밀을 자각하지 못한다면 유년
기에 이미 결정된 인생곡선 대로 살다가 죽을 것이다. 그러나
자기 인생의 비밀을 자각하고 그것을 바꾸려는 노력을 치열
하게 한다면 인생곡선은 바꿀 수 있다.

1 용기 있는 직면

자신의 인생을 역전시키려는 노력은 자신의 심리적 상처
들을 자각하는 것으로부터 시작된다. 심리적 상처는 기본적으
로 건강하지 못한 부모에 의해 생긴 것이다. 따라서 자기 인
생을 바꾸려면 부모에 대한 재평가를 해야 한다.

부모에 대한 재평가는 매우 고통스럽고 어렵다.

무엇보다도 부모에 대한 재평가는 '낳아 주시고 키워 주신 부모의 은혜도 모르고 자식들이 부모에게 대든다'는 말로 대표되는 한국사회의 통념으로부터 반격을 받기 쉽다. 민주화의 진전으로 인해 한국사회는 대통령이나 재벌, 판사나 검찰 등에 대해서도 자유롭게 비판을 할 수 있게 되었다. 나이가 어린 대학생이 아버지뻘 되는 정치인을 비판한다고 해서 법적, 도덕적으로 문제가 될 것은 하나도 없다. 그러나 불행하게도 아버지, 어머니에 대해서 문제제기를 하면 도덕적이지 못하다는 비난을 받게 되는 경우가 많다. 그러나 아버지, 어머니라고 해서 잘못된 행동에 대해 무조건 면죄부를 받을 수는 없다. 잘못된 행동을 하고도 아버지, 어머니라는 자리 때문에 면죄부를 받게 된다면 그것이야말로 도덕적으로 잘못된 것이다.

부모에 대한 재평가가 고통스러운 것은 '자신의 상처를 직면하는 것에 대한 두려움' 때문이다. 사람들은 누구나 부모의 잘못을 이미 무의식적으로는 알고 있다. 태어나서부터 부모와 함께 긴 시간을 보낸 당사자는 바로 자기 자신이기 때문이다. 부모로부터 받은 상처는 모두 고스란히 자기에게 남아 있다.

상처가 클수록 그것을 도려내는 수술과정은 더 고통스럽다. 그래서 사람들은 마취제의 힘을 빌려 수술을 하기도 한다. 그러나 마음속의 상처를 수술할 때는 마취제를 사용할 수 없다. 마음속의 상처는, 맑고 똑똑한 정신상태에서 엄청난 고통을 이겨내면서 도려내야만 나을 수 있다. 사람들은 일반적으로, 몸에 난 상처는 눈으로 바로 확인할 수 있기에 별다른 주저 없이 수술을 하려 하지만, 마음속에 난 상처는 눈으로 명확히 볼 수 없기에 고통스러운 수술과정을 피하려고 한다. 그러나 마음의 상처가 몸의 상처보다 훨씬 더 위험하다. 몸의 상처는 육체적 고통만을 주지만 마음의 상처는 육체적 고통에 그치지 않고 자기의 인생, 그리고 자식들의 인생을 사정없이 파괴하기 때문이다.

고통스럽고 힘들더라도 자기 부모에 대한 재평가는 반드시 이루어져야 한다. 그것을 회피할 때에는 마음도 몸도 모두 병들게 되며 결국에는 인생의 비밀도 모른 채 고통스럽게 죽어야 한다. 용기 있는 직면만이 행복한 인생으로 가는 길을 알려줄 것이다.

(1) 사람관계에 대한 재검토

개인이 가진 심리적 문제점은 그가 맺고 있는 '사람관계'를 통해 드러난다. 건강하지 못한 사람은 건강한 사람관계를 맺을 수 없기 때문이다. 따라서 자신을 둘러싼 사람관계를 객관적으로 검토하는 것이 자신의 심리적 문제를 파악하기 위한 첫걸음이다.

'부모-나 관계'를 파악하는 것이 무엇보다도 중요하다. '부모-나 관계'에는 자기 인생의 모든 비밀이 담겨 있다. 또한 '부모-나 관계'는 다른 모든 사람관계를 규정한다.

어린 시절 K씨(남자, 40세)의 집은 자주 소란스러웠다. 그의 아버지와 어머니가 서로 소리를 지르며 부부싸움을 자주 했기 때문이다. 평소에 점잖던 아버지는 술만 마시면 화를 내고 소리를 질렀으며 어머니를 때리기도 했다. 어머니는 울면서 맞고함을 쳤으며 어떤 때는 짐을 싸서 친정으로 가버렸다. 어린 시절 K씨를 비롯한 형제들은 아버지를 무서워하고 원망했으며 어머니를 동정했다. 그러나 어른이 된 어느 시점부터 K씨는 어머니가 지나치게 아버지를 자극하고 있음을 보게 되었다. 그래서 그는 어린 시절 가졌던 자신의 생각이 일방적이었음을 알게 되었고 부모님이 부부싸움을 자주 하게 된 것에는 아버지, 어머니 두 사람 다에게 책임이 있다고 생각하게 되었다. 스스로의 힘으로 어머니에 대한 약간의 재평가를 이루었음에도 불구하고 K씨는 이 문제를 그냥 스쳐지나갔다. 40세에 들어설 때까지도 그는 어머니를 그저 평범한 어머니들 중의 한 사람으로만 보

왔던 것이다.

　그러던 어느 날, K씨는 자신의 첫 아이 문제로 상담을 받게 되었고 놀라운 사실을 알게 되었다. 심리검사에서 어머니에 대한 반응으로 '거절에 대한 공포'가 나왔기 때문이었다. 이를 계기로 어머니에 대한 자신의 감정을 탐색하기 시작하면서, 그는 어릴 때부터 어머니가 끊임없이 자신을 비난해왔고 양육을 엉터리로 해왔음을 알게 되었다. 그의 '어머니-나 관계'는 분명 병적인 것이었다.

　사람들은 '부모-나 관계'를 잘 알고 있다고 생각하는 경우가 많다. 그러나 대부분의 사람들은 '부모-나 관계'를 정확하게 인식하지 못하고 있다.

　'부모-나 관계'에 기초해서 자신의 연애, 결혼관계를 검토해 보아야 한다. 사람은 자신의 배우자를 우연적으로 선택하지 않기 때문이다. '부모-나 관계'가 건강하지 못하다면 연애, 결혼관계 또한 건강하지 못할 것이다.

　K씨는 어머니로부터 거절당할지도 모른다는 두려움 때문에 여성에 대한 자신감을 가질 수 없었다. 그 결과 항상 수동적으로 연애를 하게 되었고 '남들이 다 하니까, 주

위에서 권하니까 나도 한다'는 식으로 '거절당할 염려가 없
는 여성'과 기쁘지도 않은 결혼을 하게 되었다. 그러나 그
의 아내는 자신의 어머니처럼 남편을 비난했고 화나게 했
다. 그의 결혼생활은 점점 나빠져 갔다.

만약 부모가 된 사람이라면 '나-자식 관계'도 검토해 보아
야 한다. 병적인 '부모-나 관계'는 다음 세대의 자식들에게 더
욱 나쁘게 영향을 미친다.

K씨의 어머니는 자식들을 방치하면서 키웠고 아버지
는 양육에 거의 신경을 쓰지 않았다. 때로는 술에 취해 "자
식교육 좀 똑바로 해"라며 아내의 양육태도를 나무라기도
했지만 그것뿐이었다. K씨의 아버지는 주위에서 가해자로
인식되고 있었으나 평생 자신이 번 돈에 대한 사용권을 아
내에게 맡긴 채 내용적으로는 당하면서 살았다. 그 결과 K
씨는 어릴 때 서울의 중산층 가정에서 자랐음에도 겨울에
는 손등이 쩍쩍 갈라져서 피가 배어나왔고 젓가락질도 제
대로 못했으며 식사예절도 전혀 배우지 못했다. 그의 어머
니는 항상 사람들에게 "나는 아이들을 자유롭게 키워요. 다
자기들이 알아서 크는 거지요"라고 말했다.

후에 K씨에게도 아이들이 생겼다. 그러나 K씨는 제대

로 양육을 받아 본 적이 없었기 때문에 아이들을 방치하였고, 교육상 혼내야 할 때도 전혀 아이들을 야단치지 못했다. K씨의 아내 또한 아이들을 심하게 방치하면서 키웠으나 그는 자신의 아버지처럼 아내의 잘못된 양육태도를 무기력하게 지켜보기만 했다. 그 결과 K씨의 첫째 아들은 초등학교 1학년 때 담임선생님으로부터 심리검사를 받을 것을 권유받았다. 검사결과 K씨의 첫째 아들은 '주의력 결핍 및 과잉행동 장애'와 '품행장애'라는 진단을 받았다. K씨의 첫째 아들은 K씨의 어린 시절보다 더 심각하게 망가져 가고 있었던 것이다.

'부모-나 관계'의 특성은 '나'의 사회생활에서 맺게 되는 사람관계들도 규정한다.

K씨는 사회생활을 하면서도 마음이 건강한 사람들보다 자신의 부모처럼 병적인 사람들과 관계를 맺게 되었다. 그를 둘러싼 사람들은 K씨에게 한편으로는 의존하면서 다른 한편으로는 비난하였다. 그들은 K씨의 말이나 요구에 대해서 앞에서는 열심히 듣는 척하고는 돌아서서는 무시하고 딴 짓을 하였다. K씨는 주변 사람들에게 문제가 있음을 알고 있었지만 항상 '내가 더 잘하면 되지 않을까', '나한테

반성할 것은 없을까'라고만 생각했다. 결국 K씨는 병적인 사람들을 끊어내지 못했고 그것 때문에 하던 일도 점점 엉망이 되어 갔다. K씨는 정체를 알 수 없는 무기력감과 불안감을 느꼈으며 자포자기 상태로 빠져들기 시작했다. 그는 심리적으로는 우울증이 상당히 진행된 상태였고, 신체적으로는 '궤양성 대장염'이라는 난치병을 앓고 있었다. 그러나 K씨는 상담을 시작하기 전까지는 자신이 심신의 치료가 급한 중병환자라는 사실조차 자각하지 못한 채 이런저런 스트레스로 자신을 혹사하고 있었던 것이다. 그는 '내년이면 죽겠구나'라는 생각을 많이 했다. 그러나 다른 사람에게는 그런 얘기를 전혀 하지 않았다.

'사람관계'는 그 관계를 맺는 당사자에게 상처를 주는 관계의 특성을 보여준다. K씨가 맺는 사람관계의 특성은 '당하는 관계'라고 할 수 있다. 그는 어머니, 아내, 사회생활 동료들로부터 당하면서 살았고 그 결과 상처는 점점 악화되었다.

동시에 '사람관계의 특성'은 관계를 맺는 당사자가 가지고 있는 심리적 문제를 추측할 수 있게 해준다. K씨가 사람들과 건강하지 못한 관계를 형성하게 되는 이유는 무엇보다도 K씨 자신에게 있을 것이다. 그리고 그 이유는 '어머니로부터 거절당할지도 모른다는 두려움'이 다른 사람관계에서도 반복되었을 것이라고 추측해 볼 수 있다. 이런 식으로 '사람관계의 특성'을 검토하는 것은 관계 당사자가 가지고 있는 심리적 문제를 파악하는 데 매우 좋은 방법이다.

건강한 사람관계를 경험해 보지 못한 사람은 건강한 사람관계를 형성하지 못한다. 자신의 사람관계가 건강한가 아니면 병적인가, 만약 병적이라면 그 내용은 무엇인가 하는 것을 냉철하게 검토하는 것은 용기 있는 직면의 첫 단계이다.

(2) 각종 증상들

심리적 문제는 그 사람 자체가 가지고 있는 '생활습관이나 신체증상' 등으로 표현된다.

 ### 1) 생활습관

생활습관에는 그 사람의 성장역사가 스며들어 있다. 생활습관은 하루아침에 만들어지지 않는다. 그것은 장시간의 노력과 반복된 행동을 통해서 형성되는 것이다. 이런 점에서 좋지못한 생활습관은 사람이 가지고 있는 심리적 문제를 집약적으로 보여준다. 예를 들어 자기보다 나이가 많은 사람에게 은

근슬쩍 반말을 하는 습관이 있는 사람은 '부모에 대한 분노'를 마음속에 품고 있는 경우가 많다.

나이가 들어서 갖게 된 잘못된 생활습관은 노력 여하에 따라 쉽게 교정할 수 있다. 반면에 유아기에 형성된 잘못된 생활습관은 교정하기가 매우 어렵다. 또한 나이가 들어서 생겨난 잘못된 생활습관은 '잘못된 생활'에 뿌리를 두고 있다. 반면에 유아기에 형성된 잘못된 생활습관은 '부모의 잘못된 양육'에 뿌리를 두고 있다. 그렇기 때문에 유아기 때부터 계속된 잘못된 생활습관에 주목해야 자신의 '심리적 문제'를 파악할 수 있다.

"세 살 버릇은 여든까지 간다. 아이의 버릇은 부모의 양육방식 때문에 생긴 것이다."

생활습관에서의 미숙성들은 유아기 신경증의 흔적일 가능성이 많다.

나이에 어울리지 않게 어린애처럼 식사를 하는 것, 심하게 편식을 하는 것, 눈을 자주 깜빡거리는 것, 자기도 모르게 습관적으로 다리를 떠는 것, 열쇠나 지갑 같은 것을 자주 잃어버리는 것, 머리를 잘 감지 않거나 잘 씻지 않는 것, 상습적으로 지각을 하는 것 등등.

어른에게서 나타나는 유아기 신경증의 흔적들은 그가 안고 있는 심리적 문제를 상징적으로 보여준다.

2) 신체증상

어떤 질병이라도 공연히 생기는 것은 아니다. 반드시 그 질병을 발생시킨 원인이 있다. 더구나 발병의 근본 원인 중 대부분은 밖에 있는 것이 아니라 바로 환자 자신 속에 있다는 것이다. 사람이 병에 걸린다는 것은 어떤 의미에서 스스로 반성의 기회를 갖는 것이기도 하다.(『한의학 특강』, 박찬국 저, 집문당 2004년판, 135쪽)

육체를 조절통제하는 마음의 능력은 예상보다 훨씬 강력하다.

어떤 여성이 남편의 공격을 받게 되자 기절을 했다. 그러나 사실 심한 어지러움을 느끼기는 했지만 기절까지 할 정도는 아니었다. 남편이 무서워 그냥 기절한 척했던 것이다. 그런데 남편은 아내가 깨어난 후 잘못했다고 빌었고 한동안 순한 양처럼 지냈다. 그녀는 '기절'의 위력을 절감하고는 이후에도 그 방법을 자주 사용하기 시작했다. 그런데 이상한 것은 그 방법을 몇 번 사용한 뒤부터는 완전하게 기절을 하게 된 것이다. 나중에는 거기에 더해 심각한 신체마비 증세까지 나타났다. 이후 그녀는 '기절과 병'이라는 무기로 남편을 제압하면서 살게 되었다. 그러나 그 과정에서 몸은 점점 나빠져 휠체어를 탈 지경에까지 이르게 되었다.

심리적 문제는 반드시 병과 같은 신체증상으로 나타난다. 자신의 심리적 문제를 정직하게 직면하지 않고 회피하면 할수록 병은 심해진다. 비록 병이 유전적 소인을 가지고 있기는 하지만 그것이 발병의 직접 요인은 아니다. 암에 걸릴 가능성이 많은 유전자를 타고 난다고 해서 모두가 암에 걸리지는 않는다. 암에 걸려야 할 심리적 이유가 있을 때 비로소 암에 걸리게 되는 것이다.

이런 점에서 사람은 자신의 병을 무심히 지나쳐서는 안 된다. 가벼운 병일지라도 그것은 자신의 잘못된 생활태도와 그것을 야기한 심리적 문제에 그 원인이 있다. 심각한 병이라면 그 발병원인은 보다 더 심각한 심리적 문제에 뿌리를 두고 있을 것이다. 따라서 육체적 병에 걸렸을 때 그 병을 가져온 심리적 문제를 해결하지 않고 약이나 수술에만 의존함으로써 그것을 회피한다면, 일시적으로는 증상을 완화(완치판정을 받을 수도 있다)시킬 수 있겠지만 해결되지 못한 심리적 숙제는 그 병을 재발시키거나 다른 병으로 나타날 것이다.

(3) 과거사 규명

과거로부터 자유로울 수 있는 존재란 없다. 현재는 과거의 결과이기 때문이다. 그러나 잘못된 과거, 불행했던 과거라고 해서 모두 사람에게 상처를 주는 것은 아니다. 잘못된 과거, 불행했던 과거를 정확히 인식하고 그것으로부터 교훈을 찾는다면 오히려 약이 될 수도 있다. 그러나 과거의 문제를 해결하지 않은 채 망각 속에 묻어둔다면 청산되지 못한 과거는 미래를 무겁게 짓누를 것이다. 불행한 과거는 행복한 미래에로의 발걸음에 채워진 무거운 족쇄이다.

개인의 과거사를 규명하는 것은 그리 쉽지 않다. 개인의 과거사는 기록으로 남아 있지 않고 다만 기억 속에만 남아 있기 때문이다. 어린 시절이 불우할수록 과거를 기억해내는 것은 더 힘들다. 어린 아이는 고통스러운 기억을 빨리 지워버리기 때문이다. 그러나 비록 의식의 영역에서는 밀려났지만 과거의 고통스러운 기억들은 무의식 속에 그대로 남아 있으면서 치유의 손길을 기다리고 있다.

마음의 상처를 치료하려는 의지가 강할수록 회상은 더

쉬워진다. 자신의 문제를 회피하지 않고 정직하게 직면하기 시작하면 까마득하게 잊혀졌던 기억들이 떠오르고 뱃속깊이 묻혀 있던 아픔들이 되살아날 것이다. 이 과정에서 삶이 무겁고 힘겨울 때 자신을 격려했던 부모님의 다정한 얼굴이 되살아나기도 할 것이고, 마음속 깊이 숨어 있는 외딴 방에서 혼자 슬프게 울고 있는 어린 자신을 발견할 수도 있을 것이다. 그러나 그것이 어떤 것이든 잊혀진 어린 시절에 대한 회상은 치유적 효과가 있다.

식민지 시대를 청산하기 위한 노력이 사회를 더 건강하게 하듯이 심리적으로 불우한 어린 시절을 청산하는 것은 개인을 더 건강하게 만든다.

"해결되지 못한 과거는 미래를 병들게 한다."

(4) 콤플렉스(Complex)

콤플렉스란 '사람의 행동에 지속적으로 영향을 미치는 심리적 상처'이다. 여기에서 '심리적 상처'는 두 가지 요소로 구성된다. 하나는 '신념'이고 다른 하나는 신념과 결부된 '불쾌한 감정적 응어리'이다.

예를 들어 '외모 콤플렉스'를 가진 사람은 '자신이 너무

못생긴 외모를 가지고 있다'는 등의 신념을 가지고 있다. 그리고 이러한 신념에는 몹시 고통스러운 감정들이 뭉쳐 있다. 그렇기 때문에 자신의 외모를 떠올릴 때마다 속이 상하고 화가 나며 그에 따라 일련의 신체반응이 동반되기도 한다. 누군가 자신의 얼굴을 자세히 쳐다보기만 해도 호흡이 가빠지고 가슴이 답답해지기도 하는 것이다. 외모 콤플렉스는 사람으로 하여금 지나치게 외모를 치장하게 하거나 외모가 뛰어난 사람을 질투하게 할 수도 있으며, 대중 앞에 서는 것을 두려워하게 할 수도 있다. 극복되지 못한 콤플렉스는 사람의 행동에 지속적으로 영향을 줌으로써 그의 인생을 불행하게 만든다.

외모가 못생기거나 키가 작다고 해서 모든 사람이 콤플렉스를 가지는 것은 아니다. 예쁜 외모나 큰 키에 대한 지나친 욕망이 불쾌한 감정을 낳고 그것이 '신념'에 결부될 때 콤플렉스로 되는 것이다. 이렇게 자신을 있는 그대로 받아들이지 못하고 자기부정에 매달리는 경우만이 콤플렉스를 낳는다.

콤플렉스는 반드시 '의식화'되어야 한다. 콤플렉스가 심리적 억압 때문에 자각되지 못한 채 무의식적으로 작용한다면 그것을 극복할 수 있는 가능성도 그만큼 낮아지기 때문이다.

콤플렉스를 극복하려면 그것을 무의식으로부터 의식의 영역으로 끌어올림으로써 정직하게 직면해야 한다. 그리고 콤플렉스가 비합리적인 신념에 기초하고 있다면 그 신념부터

바꿔야 한다. 만일 콤플렉스가 합리적인 신념에 기초한 것이
라면 그 신념에 묶여 있는 감정적 응어리를 녹여내야 한다.

　불우한 어린 시절을 경험한 사람일수록 심각한 콤플렉스
를 가지고 있다. 마음의 상처들은 모두 콤플렉스가 되어 자신
을 괴롭힌다. 사람들은 콤플렉스 때문에 건강하지 못한 사람
관계를 형성하게 되고 잘못된 생활습관과 신체증상을 갖게
되는 것이다.

"콤플렉스의 극복 없이는 행복한 인생이란 없다."

2 치료적 실천

자기 콤플렉스를 의식화하는 것은 문제해결의 출발점이
다. 그러나 잘못된 인생을 역전시키려면 문제에 대한 '자각'
만으로는 부족하다. 실천만이 자신을 회복시킬 수 있다. 그리
고 그 실천은 반드시 치료적이어야 한다.

"자신이 노예임을 자각하지 못하고 있던 노예가 자신의
처지를 자각하는 것은 노예해방을 위한 중요한 첫 단계이다.
그러나 진정한 노예해방은 노예 자신의 실천을 통해서만 가
능해진다."

(1) 무의식의 도움

사람은 누구나 다 무의식과 대화하면서 산다. 무의식에는
선조들이 남겨준 소중한 유산들이 담겨 있고 자신이 살아오
면서 경험한 모든 것들이 보관되어 있다. 사람은 수정되는 그
순간부터 죽는 날까지 끊임없이 무의식에 영향을 주는 동시

에 무의식의 도움을 받으며 살아간다. 무의식의 잠재력은 무궁무진하기 때문에 무의식의 도움을 받는 사람은 그렇지 못한 사람보다 훨씬 인생을 윤택하게 살 수 있다.

무의식은 때때로 독립된 인격체처럼 행동한다. 무의식은 한 개인이 의식적으로 생각하는 것에 무조건 따르지 않고 반발하기도 하는 것이다. 그래서 나쁜 짓을 하는 사람에게는 "그것은 나쁜 짓이다", "너는 나쁜 사람이다"라고 화를 내기도 한다. 의식이 심하게 오염되어 있어서 나쁜 행동을 일삼는 사람의 경우에도, 무의식 속에 살아 있는 양심은 나쁜 행동을 용납하지 않기 때문에, 그로 하여금 '죄의식'을 갖게 하는 것이다.

무의식은 '꿈'을 통해 우리에게 말을 걸어오며 자기 의견을 표현한다. 무의식은 우리를 지지하거나 위로해 주기도 하고 혼내 주거나 경고를 하기도 한다. 그렇기 때문에 사람에게 있어서 꿈은 매우 중요하다. 마음이 건강한 사람은 꿈을 잘 꾸며 기억도 잘하지만 마음이 병든 사람은 꿈을 거의 기억하지 못한다. 어떤 사람들은 "나는 꿈을 전혀 안 꾼다"라고 말하기도 하는데 꿈을 안 꾸는 사람은 없다. 다만 심리적 억압 때문에 기억을 못할 뿐이다. 꿈을 못 꾸는 것, 즉 꿈을 기억하지 못하는 것 또한 하나의 심리적 질병이다.

반복해서 꾸게 되는 꿈, 중요한 계기점에서 꾸게 되는

꿈, 너무도 생생한 꿈은 특히 중요하다. 반복해서 꿈을 꾼다는 것은 해결해야 할 중요한 심리적 숙제가 있다는 것을 말해주며 중요한 계기점에서 꾸는 꿈은 '앞으로 벌어질 일을 예언'해 주거나 조언 혹은 충고를 해주는 경우가 많다. 또한 너무도 생생한 꿈은 무의식이 그만큼 절박하게 자기 의견을 말하고 있음을 의미한다.

꿈을 통해서 표현된 무의식의 도움을 외면해서는 안 된다. 무의식의 도움을 외면하는 것은 손해를 보는 것일 뿐만 아니라 종종 위험한 결과를 낳는다. 휴식을 취할 것을 권유하는 꿈을 무시하면 중병에 걸릴 가능성이 많으며 더 이상 나쁜 일을 하지 말 것을 강력히 경고하는 꿈을 무시하면 큰 사고가 날 수도 있다.

무의식에 지나치게 의존하는 것도 위험하지만 무의식의 도움을 거절하는 것은 더 위험하다. 무의식과 활발한 대화를 나누면서 인생길을 걸어간다면 사람들은 분명 더 행복해질 것이다.

(2) 사람관계의 변혁

고통스러운 자기분석 끝에 자기를 옥죄던 '인생의 비밀'을 알게 되었다고 해도 그에 따르는 실천이 없다면 아무런 소용도 없다. 축구에 대한 이론을 빠삭하게 알고 있다고 해도 그 이론을 자기 것으로 만들려면 공을 차보면서 몸에 익혀야 한다. 지식이나 이론은 실천을 통해야만 비로소 자기 것으로 되는 것이다.

세상 사는 것이 몹시 힘들고 몸도 아파 신음하던 한 여성이 있었다. 그녀는 정체 모를 불안감 때문에 점을 보러 갔는데 점쟁이로부터 "올해에 죽을 운이 있다"는 말을 듣게 되자 더 우울해졌다. 이후 그녀는 자기분석을 하면서 어머니로부터 받은 상처 때문에 자기뿐만 아니라 자기 아이까지도 병들어 가고 있다는 것을 깨닫게 되었다. 그 여성은 늦게나마 자기 인생의 비밀을 알게 된 것을 가슴 아프지만 다행으로 생각했고 자식을 잘 키우겠다고 다짐도 했다. 그래서 그녀는 외국에 있던 어머니에게 전화로 속에 있는 말을 하기도 했다. 그러나 외국에 나가 있던 어머니가 돌아오자 모든 것은 물거품으로 돌아갔다. 어머니의 힘은 매우 강력했기 때문에 그녀는 잘못된 것인 줄을 알면서도 어머니를 벗어나지 못하고 있다.

사람관계가 하루아침에 뒤바뀔 수는 없다. 매일같이 불량배에게 돈을 뜯겨 왔던 아이가 하루아침에 불량배를 혼내 주면서 설설 기게 만들 수는 없으며 남편에게 매맞고 살던 아내가 자신의 처지를 자각했다고 해서 곧바로 남편을 혼내 주게 되는 것은 아닌 것이다. 사람관계는 부단한 실천을 통해서만 바꿔 나갈 수 있다.

사람관계를 변혁하려면 비교적 용이하게 변화시킬 수 있는 사람관계부터 바꿈으로써 '실천적 경험'을 쌓을 필요가 있다. 그러면서 자신감이 올라감에 따라 더 어려운 사람관계를 변혁하는 순으로 진행하는 것도 괜찮은 방법일 것이다.

이런 점에서 우선 가벼운 사람관계로부터 시작하는 것도 괜찮다.

거절을 잘 하지 못하는 병을 가진 어떤 사람이 목욕탕에 가서 때를 밀게 되었다. 때를 밀어 준 아저씨는 참으로 친절한 분이었다. 그는 이후 목욕탕에 가려고 할 때면 '한두 푼도 아닌데 매번 때를 밀 수도 없고, 때를 안 밀자니 아저씨한테 좀 미안하고' 하는 생각 때문에 갈등을 겪었다. 그 결과 목욕을 자주 못 가게 되어서 몸이 근질거리기도 했고 다른 목욕탕을 찾아가기도 했다.

이런 사람은 아무 거리낌없이 당당하게 목욕탕에 가서 때밀이 아저씨와 인사를 하는 훈련부터 해야 한다. 그래서 목욕탕에 가서 때를 안 밀어도 아무 문제가 없으며 때밀이 아저씨한테 미안해야 할 이유도 없음을 체험해야 한다. 그래야 당하지 않으면서 살 수 있게 된다.

사람관계를 변혁하려면 또한 좋은 대사를 연구개발해서 적재적소에 사용해야 한다. 사람은 언어를 통해 관계를 맺기 때문에 사람관계에 문제가 있는 사람은 주변사람들에게 좋은 대사를 사용하지 못한다. 사람과의 관계 때문에 괴로워하는 시간을 상대방에게 날릴 좋은 대사를 연구하는 데 써야 한다.

사람관계의 변혁은 종국적으로 부모와의 관계를 변혁하는 데로 귀결되어야 한다. 모든 잘못된 사람관계의 배후에 '부모-나 관계'가 있기 때문이다.

부모님을 객관적 기준에 따라 재평가해 보고 부모님의 공과(功過)를 공정하게 판단해야 한다. 그리고 자기가 깨달은 것을 부모님께 말해 보는 것도 좋다. 주의해야 할 것은 '자기의 분노'를 잘 조절해야 한다는 것이다. 부모님으로부터 받은 상처가 크면 클수록 부모님을 향한 분노 또한 강렬하다. 이것을 여과 없이 폭발시키면 부모님을 변화시키는 것이 아니라 부모님에게 씻을 수 없는 상처만 안겨 주게 될 수도 있다. 물론 그렇다고 해서 꼭 해야 할 말을 하지 못해서도 안 될 것이다.

‘비록 잘못을 저질렀다고는 해도 부모님이고 이제 나이도 많이 드셨는데 효도는 못할망정 그런 말을 할 수 있을까’라고 생각하는 사람들도 있을 수 있다. 그러나 ‘부모-나 관계’의 변혁이 없이는 자기 상처의 극복이란 불가능하며 그 상처는 대를 이어가며 악화된다는 점을 생각해볼 때 ‘부모-나 관계’의 재정립은 피해서는 안 되는 인생숙제이다. 이것은 부모님이 돌아가신 경우에 있어서도 마찬가지이다. ‘부모-나 관계’의 재정립은 본질에 있어서 ‘마음속의 부모-나 관계’를 재정립하는 문제이기 때문이다. 부모님은 돌아가셔도 마음속의 부모님은 건재하다.

친일파를 부모로 둔 자식들은 두 가지의 반응을 보인다. 하나는 ‘가문의 영광’을 위해 부모의 죄행을 어떻게든 덮어보려고 거짓말을 하는 사람들이고 다른 하나는 부모의 잘못을 과감히 인정하고 진실규명에 협력하는 사람들이다.

부모님께 정말로 효도하는 것은 후자의 사람들일 것이다. 부모의 죄행을 감추고 거짓말을 하게 된다면 그런 사람들은 자기기만 때문에 바르게 살 수가 없게 된다. 민족을 배반한 죄를 지은 사람을 부모라고 해서 싸고돈다면 대를 이어가며 범죄자를 재생산하는 결과 외엔 얻을 것이란 없다.

청년기 이후의 사람이라면 누구나 다 ‘부모-나 관계’를 재정립함으로써 부모로부터 심리적으로 독립해야 한다. 더 이상 부모에게 의존하거나 당해서는 안 되며 집착해서도 안 된다. '부모-나 관계'는 반드시 건강한 인격과 인격 사이의 관계로 재정립되어야 할 것이다.

(3) 장애물과 저항의 극복

마음의 병을 치료하고 잘못된 사람관계를 변혁하려고 하면 반드시 장애물이 나타나고 저항에 부딪치게 된다. 장애물과 저항은 자기 자신으로부터 올 수도 있고 다른 사람들로부터 올 수도 있다.

마음의 병이 심각할수록 자기로부터 오는 저항은 거세다. 자기 문제를 직면하다 보면 자기 인생이 송두리째 무너지는 느낌을 받게 되고 살아온 인생이 허무해지기도 한다. 그러나 "가장 늦다고 느낄 때가 가장 빠른 때이다"라는 말처럼 그것이 어느 시기이든 간에 자기성찰은 반드시 필요하다. 그러나 때를 자꾸 놓치게 된다면 '돈을 쌓아놓고도 못 고치는 상태'에까지 이를 수도 있다.

"심리적인 병에도 불치는 있다."

자기의 인생곡선을 바꾸기 위한 노력은 때때로 다른 사

람들의 격렬한 저항에 부딪치기도 한다. 건강하지 못한 부모들은 "여태까지 잘 지내왔는데 뭐가 문제냐", "도대체 부모의 잘못을 들춰내는 이유가 뭐냐? 이러면 아이들이 부모를 공경하겠느냐?"라고 흥분하기도 한다. 그러나 자식들에게 떳떳하지 못한 부모, 죄를 많이 지은 부모일수록 반성을 하는 대신 진실을 덮으려 한다. 정말로 자식을 사랑하는 부모라면 "혹시 내가 실수해서 우리 아이들에게 상처를 준 것은 없을까"를 먼저 생각할 것이다. 그리고 이렇게 말할 것이다.

"그랬구나. 정말 미안하다. 내가 어떻게 하면 되겠니?"

진실로 반성한다면 누구나 다 용서받을 수 있다.

가족 전체가 병들어 있는 경우 그 가족구성원 중 한 사람이 치료를 위해 메스를 들이대면 나머지 모든 가족으로부터 격렬한 공격을 받게 되기도 한다.

병든 가족에게는 공통적으로는 항상 현실에 대한 '부정'(denial of reality)이 있다. 문제가 아무리 심각할지라도 그 가정에 작용하는 '부정'이 없으면 그 가정은 병들지 않는다. 더 나아가, 식구 중의 하나가 자기 집의 상황을 정확한 용어로 묘사함으로써 그 '부정을 극복할 시도'를 하게

되면 나머지 식구들은 대개 그 인식에 강력히 저항한다. 종
종 비웃음을 이용해서 그 사람을 제자리에 돌려놓거나 그
럴 수 없으면 그 변절한 가족을 따돌려버린다. (『너무 사랑
하는 여인』, 로빈 노우드 저, 신양숙 옮김, 범우사, 193쪽, 번
역을 약간 다듬음).

어떤 사람이 안고 있는 심리적 상처가 깊을수록 그 사람
은 병적인 사람들에게 둘러싸여 있을 가능성이 많다. 이 경우
자신의 인생곡선을 바꾸기 위한 정당한 노력은 주변의 병든
사람들로부터의 공격을 감당하지 못하고 좌절당하기 쉽다. 그
렇기 때문에 주변사람들의 저항이 지나치게 심하다면 일시적
으로는 그 관계를 단절해야 한다. 그리고 자신의 문제를 먼저
해결한 뒤에 자신의 사람관계를 다시 재구성해야 할 것이다.

자신의 인생곡선을 바꾸는 것은 정말로 어렵다. 그렇지만
불가능한 일은 아니다. 용기 있는 직면과 치료적 실천은 새로
운 인생을 향한 첫 걸음일 뿐이다. 행복한 미래는 장애물을
제거하고 저항을 극복하면서 용감하고 끈기있게 노력하는 사
람만이 가질 수 있다. 공포와 두려움을 극복하는 용기만이 자
기 인생을 제자리로 돌려놓을 것이다.

Chapter / 4

병든 사회는 병든 부모를 낳고
병든 부모는 아이들에게 상처를 준다.
상처를 입는 아이들이 점점 많아진다면
한국의 미래는 암울해질 수밖에 없다.
그렇기 때문에 병든 부모들부터 먼저 자기치료를 시작해야 한다.

병든 사회, 병든 부모를 넘어서

사회주의진영의 몰락 이후 유일 초강대국으로 부상
한 미국은 '자본주의 제도'가 가장 좋은 사회제도라고 선전하
였고 많은 사람들은 이를 믿게 되었다.

정말로 자본주의사회는 가장 좋은 사회제도일까? 좋은
사회제도를 정의하는 기준에 따라 다른 대답이 나올 수 있을
것이다. 물질적 부를 빨리, 많이 늘릴 수 있는 사회가 좋은 사
회라고 보는 사람은 자본주의를 가장 좋은 사회제도라고 생
각할 것이다. 그러나 사람을 기준으로 살펴본다면 이에 동의
하기 어렵다. 자본주의제도는 사람에게 너무 많은 스트레스를
주고 사람들을 병들게 하기 때문이다.

건강한 사회는 사람들을 건강하게 하고 병든 사회는 사
람들을 병들게 한다. 따라서 '사회 속의 사람들이 얼마나 건
강한가?' 하는 것이 좋은 사회를 판단하는 하나의 중요한 기
준이 되어야 할 것이다. 이런 기준에 따라 한국사회를 평가해
보면 좋은 점수를 줄 수가 없다.

한국사회의 청소년들 중 60% 정도가 게임중독에 빠져
있다고 한다. 어른들 또한 예외가 아니다. 컴퓨터 중독, TV

중독, 영화 중독, 알코올 중독, 도박 중독, 섹스 중독, 약물 중독 그리고 관계 중독 등에 빠져 있다.

한국사회가 이렇게 병들게 된 것은 한국의 현대사가 그만큼 병들어 있기 때문이다. 일제 식민지, 전쟁과 분단 그리고 냉전, 군사독재의 어두운 과거는 아직도 청산되지 않았다. 불의가 정의를 심판해온 굴절된 현대사 속에서 정직하고 바르게 사는 사람들은 무시당하고 핍박받았다. 정직하고 바르게 살지 못할 때 사람들은 병들게 된다. 한국사회가 자기의 병을 고치지 못하고 있는 동안 사람들은 빠르게 병들어 왔던 것이다.

병들기는 미국도 마찬가지이다. 치료하기 힘든 중병에 걸린 미국은 조만간 유일 초강대국으로부터 하류 국가로 전락할 것이다.

미국인들의 집단무의식 속에는 '열등감', '공포와 죄의식'이 뿌리깊이 박혀 있다.

미국은 역사가 짧고 문화적 전통도 없다. 개인으로 치자면 어린아이인 것이다. 어린아이 같은 미국이 힘은 세서 세계를 지배하고 있지만 '열등감'만은 어찌할 수 없다. '열등감'이 심한 사람이 권력을 잡으면 자기과시에 목숨을 건다. 미국 또한 힘 빼면 내세울 게 하나도 없기 때문에 '패권주의'에 목숨을 걸고 항상 힘을 앞세우는 것이다. 어쨌든 역사가 매우 짧고 문화적 전통이 없는 미국이 긴 역사와 훌륭한 문화를 가진 나라들을 지배하는 오늘날은 불행한 시대이다. 그러나 어린아이가 어른들을 계속 지배할 수는 없다. 못된 어린아이는 어른들로부터 회초리를 맞게 될 것이다.

미국인의 조상들은 남의 땅에 허락도 없이 들어가 땅주인인 인디언들을 수십만 명이나 학살했다. 그리고는 아프리카에서 흑인들을 잡아다가 노예로 부려먹어 경제발전의 기틀을 다졌다. 그 후 미국인들은 아메리카 대륙에서의 전쟁을 통해 영토를 끊임없이 넓혀 갔고 더 이상 빼앗을 땅이 없다고 생각되자 국외로 나가 세계 곳곳을 누비며 전쟁을 일으켰다. 이렇게 아무나 막 죽이고 아무거나 막 빼앗는 짓을 많이 했기 때문에 미국인들은 항상 보복당할지도 모른다는 '공포'에 시달리고 '죄의식'으로 고통받게 되었다. 미국인들이 자기를 치료할 수 있는 유일한 방법은 자기반성을 통해 지은 죄를 뉘우치고 착해지는 것뿐이다. 그러나 미국인들은 자기 잘못을 정직하게 직면하는 대신 '회피'만 하고 있다. 공포에 부들부들 떨고 죄의식에 시달리는 사람은 결국 스트레스 때문에 죽는다. 미국인들의 운명 또한 달리 될 수는 없다.

미국은 '열등감', '공포와 죄의식' 때문에 생긴 병을 고치지 못한다면 결국 망할 수밖에 없을 것이다.

이제 인류는 '포스트 아메리카' 즉 미국이 망한 뒤의 세계에 대비해야 한다. 한국 또한 미래의 변화에 대비해야 한다.

급격한 변화의 물결을 감당하기 위해서라도 한국사회는 병들어 있는 사람들을 하루속히 치료해야 할 것이다. 이를 위해서는 다음과 같은 것들이 필요하다.

첫째, 병든 가정의 문제를 대중화해야 한다. 병든 가정의 문제를 대중화한다는 것은 곧 병든 '부모-자식 관계'를 대중화한다는 것이다. '부모-자식 관계'에 대한 이론이 일반인들에게 더 많이 알려질수록 병은 더 빨리 치료될 수 있을 것이다.

둘째, 치료적 효과가 있는 건강한 문화선전이 많아져야 한다. 문화선전이 사람들에게 미치는 영향은 매우 크다. 따라서 병적인 사람관계가 아니라 건강한 사람관계를, 잘못된 의사소통이 아니라 건강한 의사소통의 모범을 보여줄 수 있는 건강한 문화선전은 치료적으로 매우 유익할 것이다.

셋째, 치료적 능력을 가진 사람들을 사회적으로 많이 양성해야 한다. 한국에도 마음의 병을 치료하는 전문가들이 있기는 하지만 양질적으로 매우 부족하다. 그래서 마음의 병으로 고통받는 사람들은 좋은 치료자를 만나지 못해 때를 놓치기도 하고 비싼 치료비를 감당하지 못해 처음부터 치료를 포기하기도 한다. 따라서 사람의 인생을 다룰 준비가 되어 있고 치료능력을 겸비한 '치료자'들을 많이 양성하기 위해 노력해야 한다.

한국사회는 이제부터라도 사람들의 정신건강 문제에 주의를 돌려야 한다. 그래서 사람들이 병드는 것을 막아야 한다. 병든 사회는 병든 부모를 낳고 병든 부모는 아이들에게 상처를 준다. 상처를 입는 아이들이 점점 많아진다면 한국의 미래는 암울해질 수밖에 없다. 그렇기 때문에 병든 부모들부터 먼저 자기치료를 시작해야 한다. 병든 부모들이 자기의 병을 치료해야 자라나는 아이들이 입은 상처를 낫게 해줄 수 있기 때문이다. 먼저 자각한 사람들부터 스스로 자기치료를 시작하자.

어떤 사람들은 "사회변혁이 되지 않고서는 병든 사람들을 치료할 수 없다. 사회변혁부터 해야 한다"고 말할지도 모른다. 그러나 콤플렉스가 있는 인간은 사회변혁을 성공시킬 수 없고, 사회변혁을 위해 기여할 수도 없다. 따라서 사회변혁을 절실히 원하는 사람들일수록 사회를 변혁하기 위해 노

력하는 동시에 자기 콤플렉스를 해결하기 위해서도 노력해야
한다. 또한 사회에서 지도적 위치에 있는 사람일수록 자기 콤
플렉스를 반드시 극복해야 한다. 콤플렉스를 극복하지 못한
사람이 권력을 가지거나 대중을 지도하면 매우 위험하기 때
문이다. 백설공주라는 동화는 이를 잘 보여준다. '외모 콤플
렉스'가 있었던 백설공주의 어머니는 왕비였다. 왕비였던 그
녀는 권력의 힘으로 거울도 괴롭히고 딸도 괴롭히고 백성들
도 괴롭혔다.

'인생의 법칙'은 자신에 대한 이해를 깊게 해주고 콤플렉
스를 극복하게 해준다. 그러나 '인생의 법칙'을 아는 것은 사
회적 존재로서 살아가기 위한 필수조건일 뿐 충분조건은 아
니다. 사람의 인생은 현실과 동떨어져 있지 않고 항상 현실세
계 속에 존재한다. 따라서 정말로 올바르게 인생을 살기 위해
서는 자기가 살고 있는 사회와 세계에 대해서도 잘 알아야 한
다. 인생의 법칙을 알고 세계의 법칙을 알면 그 사람은 자기
인생의 주인이 될 것이다.

개개인들의 인생곡선을 바꾸기 위한 노력이 사회변혁을
위한 실천과 하나로 만날 때 한국의 미래는 분명히 더 건강해
질 것이다.

심리학교양서 ①

부모-나 관계의 비밀

초판 1쇄 발행 2005년 12월 15일
초판 5쇄 발행 2021년 10월 11일

—

지은이 김태형 · 전양숙
펴낸이 이방원

—

펴낸곳 세창미디어

신고번호 제2013-000003호 주소 03736 서울시 서대문구 경기대로 58 경기빌딩 602호

전화 02-723-8660 팩스 02-720-4579

이메일 edit@sechangpub.co.kr 홈페이지 http://www.sechangpub.co.kr

블로그 blog.naver.com/scpc1992 페이스북 fb.me/Sechangofficial 인스타그램 @sechang_official

—

ISBN 978-89-5586-115-0 03180

이 책에 실린 글의 무단 전재와 복제를 금합니다.
잘못 만들어진 책은 바꾸어 드립니다.

이 도서의 국립중앙도서관 출판예정도서목록(CIP)은 서지정보유통지원시스템 홈페이지(http://seoji.nl.go.kr)와
국가자료종합목록 구축시스템(http://kolis-net.nl.go.kr)에서 이용하실 수 있습니다.(CIP제어번호 : CIP2010003211)